¡TE SACARÉ DE AHÍ, ABUELO!

¡TE SACARÉ DE AHÍ, ABUELO!

Una lucha de quince años
para desenterrar la memoria republicana
en el Valle de los caídos

JOAN PINYOL

Postmetropolis Editorial
2024

Postmetropolis Editorial

Madrid

Febrero de 2024

Edición:

Pablo Sánchez León

Maquetación:

Pablo Sánchez León

Cubierta:

Natalia Yepes Benito

Diseño de colección y de la cubierta:

Miguel Sigler

Ilustración de la cubierta:

Fotocomposición de Natalia Yepes a partir de fotografías del autor

Referencia: Joan Pinyol, *¡Te sacaré de ahí, abuelo! Una lucha de quince años para desenterrar la memoria republicana en el Valle de los caídos*, Madrid, Postmetropolis Editorial, 2024, 210 pags.

ISBN: 978-84-126984-3-5

Índice

A mi abuelo Joan,
amor y razón de todo.

La derrota tiene una dignidad
que la victoria desconoce
(Jorge Luis Borges)

Nota del autor

La realidad ha superado la ficción. La historia que sigue es verídica y está basada en hechos reales. Podría inventarlos y añadirles más dramatismo con el fin de conseguir un gran efecto narrativo. No ha sido necesario porque ya es bastante triste lo que sucedió.

Cuando decidí dar forma a este libro, solo tuve que contar los hechos, sin añadir nada más. A continuación, encontraréis el relato de los pocos testigos que aún viven. Igualmente, veréis el fruto de muchos años de consultas en diversos archivos, las cartas que mi abuelo envió a mi abuela durante los cinco meses de su obligada movilización militar por el Ejército de la República, distintas crónicas periodísticas, escritas y audiovisuales, y también el reflejo de una bibliografía especializada de lo que aconteció en la Guerra civil.

Soy escritor, hasta la fecha he escrito más de quince libros de ficción, y si siempre me he resistido a recrear literariamente el fin dramático de la vida de mi abuelo, es porque mi anhelo consiste en resolver el agravio aún pendiente que concierne a su muerte. Este libro da cuenta de quién fue Joan Colom Solé entre los miles de víctimas olvidadas a quienes, en secreto, la dictadura de Franco exhumó de centenares de fosas comunes en toda España, con el único propósito de llenar el Valle de los caídos. Igualmente, detalla la lucha que inicié en el año 2008 con el fin de recuperar su cuerpo y enterrarlo para siempre en el cementerio de Capellades, nuestra población de origen, junto a mi abuela Teresa. Nunca he pretendido nada más. En cualquier país del mundo con un mínimo de sentido común, esta segunda parte del libro sería muy breve, un mero trámite respecto del que no cabrían ni cuestionamientos ni obstáculos. Tras casi dos décadas de obstinada insistencia, nada se ha movido. Tampoco mi determinación de no rendirme jamás, hasta que consiga mi objetivo. Por último, el libro incluye una carta dirigida a mis hijos, Bernat e Itzel, en la que he pretendido transmitirles los valores de mi lucha. Unos valores que en la actualidad se cuestionan, pero que estoy dispuesto a preservar pensando en las nuevas generaciones.

PRÓLOGO
SEPULTAR NOS HUMANIZA

Robert Casas Roigé — Hood College (Maryland)

> Tiresias:
> *¿No me responde? ¿Qué venía a hacer bajo la tormenta?*
> Antígona:
> *Vengo a enterrar a un cuerpo, el de mi hermano Polinices,*
> *que deberían haber honrado e incinerado*
> *según nuestros antiguos preceptos*
>
> Salvador Espriu, *Antígona* (1955) [1939]

Enterrar, por humanidad

Somos humanos porque enterramos a los difuntos.

Giambattista Vico en *Scienza Nuova* hace una revisión de los mitos clásicos para explicarnos cómo la humanidad surgió a partir del asentamiento en zonas ganadas a los bosques, donde se construyeron las primeras cabañas. Fue en estos claros sin árboles prestados de la naturaleza que se abandonó el nomadismo y aparecieron las primeras culturas sedentarias. El sentimiento de pertenencia a dicho terreno, estableciendo una conexión telúrica a través de las generaciones, se concretó con los primeros entierros de difuntos.

La conciencia de nuestra existencia implica conocer el eslabón entre los que murieron antes que nosotros y las generaciones futuras: "como *Homo sapiens* nacemos de nuestros padres y madres biológicos, como seres humanos, nacemos de los muertos, del espacio que ocuparon, de las lenguas que habitaron, de los mundos que generaron, de los muchos legados institucionales, legales, culturales y psicológicos que, a través de nosotros, los conectan a los neonatos" (HARRISON, 2003: ii).

En consecuencia, honrar a nuestros muertos y darles la debida sepultura es lo que define nuestra humanidad. La misma etimología de la palabra (del latín *humanitas*) nos remite a *humus*, a la tierra y al suelo... y a enterrar: *inhumare* (HARRISON, 2003). No es extraño que tantas cosmogonías de diferentes tradiciones conciban a la divinidad a modo de alfarero que utiliza el barro como base para crear la humanidad, que surge de la tierra y a ella debe volver para cerrar el ciclo vital. El mismo nombre *Adam* proviene de la palabra hebrea *adamah*, que significa "hecho de tierra roja". Los pueblos indoeuropeos diferenciaban a los dioses, inmortales, de los seres humanos en tanto que estos últimos eran mortales, terrenales y debían ser enterrados.

Vemos, pues, que los entierros y rituales funerarios marcan desde los inicios de la humanidad los asentamientos de los colectivos humanos y su capacidad de honrar la herencia del pasado para transmitirla a las nuevas generaciones. Teniendo en cuenta este punto, podemos entender que la decisión de negar a un colectivo el acceso a sus fallecidos esconde una clara voluntad de aniquilación de sus raíces y de la posibilidad de proyectarse al futuro. No permitir que se entierren a los muertos es uno de los castigos más inhumanos, al mismo tiempo que dar sepultura a los muertos es uno de los imperativos más humanos, como nos recuerda la lucha y predisposición de Antígona a sacrificarse para conseguir enterrar a su hermano, Polinices[1].

---

1 Tras la muerte de su padre, Edipo, se suponía que los hermanos de Antígona, Polinices y Eteocles, debían compartir el trono de Tebas, pero cuando le llegó el turno a Polinices, Eteocles rompió el pacto y expulsó a su hermano de la ciudad. Este último atacó la ciudad para recuperar su reinado, dando lugar a una guerra en la que ambos murieron. Creonte fue proclamado rey de Tebas y, mientras que Eteocles recibió todos los rituales funerarios oficiales, decretó que Polinices no recibiría sepultura por considerar que había traicionado a su patria. Antígona, conocedora de que las almas de los cuerpos que no eran inhumados siguiendo los "antiguos preceptos" eran condenadas a vagar por el mundo (ESPRIU, 1955), no dudó en desobedecer la orden del nuevo rey, asumiendo las represalias, e hizo lo que era más humanamente necesario: enterrar a su hermano.

Fosas llenas, tumbas vacías

Uno de los castigos más duros que impuso la dictadura a los vencidos fue impedirles honrar a sus muertos manteniendo las fosas cerradas y olvidadas; represaliando públicamente a los familiares de republicanos que reivindicaran su memoria (de tal modo que entendiesen que era mejor resignarse); fomentando el silencio y el olvido como base de la convivencia; generando humillación asociada al hecho de tener un muerto republicano en la familia; monopolizando el espacio público y los ritos funerarios expulsando la memoria de los republicanos.

En el caso de Joan Colom Solé, en 1939 el franquismo mostró su poder totalitario al decidir *motu proprio* que sus restos mortales se quedarían en Lleida, lejos de Capellades, forzando a la familia a desplazarse para visitar una fosa común que, años más tarde, una noche de verano del año 1965, sería profanada por el mismo régimen: tomaron la decisión unilateral de trasladar los restos de quinientas y pico personas desde Lleida hasta el Valle de los caídos con la obsesión de llenar la cripta de huesos, sin permiso ni conocimiento por parte de las familias.

Por supuesto, Teresa Comabella y sus hijos continuaron recorriendo los más de cien kilómetros que separan Capellades (provincia de Barcelona) y Lleida para llevar flores a Joan Colom, volviendo con toda la pena y la resignación de no poder tener su esposo/ padre/abuelo sepultado cerca de casa. Hasta que en 2008 apareció el número 67 de la revista *Sàpiens* y, al ver el nombre de su abuelo en la lista de los trasladados al mausoleo del dictador, Joan Pinyol entendió que durante décadas su familia había estado llevando flores a una tumba vacía.

España sigue teniendo un gravísimo problema de fosas llenas —esperando a ser abiertas, analizadas y desocupadas— y de tumbas vacías (desde Cataluña se trasladaron más de nueve mil cuerpos de personas). Ocupar la segunda posición tras Camboya del ranking mundial en número de desaparecidos (son 114.226 según la Asociación para la recuperación de la Memoria histórica) debería ser motivo de preocupación y una de las prioridades de cualquier gobierno que se defina como democrático. Pero todavía no lo es.

Contra el olvido, la palabra

Desde que Joan Pinyol inició su periplo legal y mediático para recuperar y devolver los restos de su abuelo a Capellades, se ha topado una y otra vez con los muros infranqueables de la legalidad española que sigue bloqueando cualquier reivindicación relacionada con la dictadura. El Valle no solo está custodiado por una congregación de monjes benedictinos, sino que, y, sobre todo, por un laberinto burocrático y legal, erigido durante la dictadura y trasplantado directamente a la democracia, encargado de entorpecer la voluntad de quienes buscan rescatar a sus difuntos de la cripta franquista.

Las carpetas con los cientos de documentos, peticiones y certificados que Joan Pinyol ha ido acumulando a lo largo de estos años, muestran el poder absoluto que se oculta tras ese entramado lingüístico, legal y judicial. Este uso de la lengua resuena con la "lección de escritura" que Lévi-Strauss aprendió mientras visitaba el poblado de los Nambiquara en el Amazonas y que le llevó a reflexionar sobre la relación entre la escritura y el abuso y represión de otros seres humanos[2]. Dice Lévi-Strauss: "El único fenómeno que ha acompañado fielmente es la formación de las ciudades y los imperios, es decir, la integración de un número considerable de individuos en un sistema político, y su jerarquización en castas y en clases. Tal es, en todo caso, la evolución típica a la que se asiste, desde Egipto hasta China, cuando aparece la escritura: esta parece favorecer la explotación de

---

2 En *Tristes trópicos* (1955) Lévi-Strauss nos habla de su encuentro con los Nambiquara, una tribu del Amazonas que no conocía la escritura. El antropólogo iba tomando nota de sus observaciones y, en un momento dado, el jefe de la tribu le pidió una hoja de papel. Lévi-Strauss observó asombrado cómo el líder empezaba a reproducir toda una serie de garabatos que imitaban su caligrafía, enviando un mensaje al resto del grupo de que él también era partícipe y conocedor de este código, diferenciándolo del resto y confirmando su posición de poder.

los hombres antes que su iluminación" (Lévi-Strauss, 2006: 320). Sin embargo, Joan Pinyol nos demuestra que lo contrario también es posible: la escritura puede iluminarnos, generar empatía y activar para tomar partido. Contra el lenguaje opresivo de la burocracia institucional y su voluntad de olvido, Joan Pinyol genera y comparte con generosidad un discurso y unos escritos que nos proporcionan las pistas necesarias para entender que el suyo no es un caso aislado, y que la necropolítica franquista (entendida como el ejercicio e imposición del poder a través de controlar quién vive y, sobre todo, quién se deja morir, decidir quién merece ser enterrado y quién no) está vigente: la transmisión de su estructura legal y administrativa durante la Transición sigue interviniendo en la gestión de los muertos de los vencidos durante la Guerra civil y la dictadura.

Joan Pinyol ejemplifica la lucha individual —compartida por miles de familias— para combatir la injusticia y el olvido, y simboliza la necesidad de la humanidad, contra toda tormenta, de enterrar a los muertos con dignidad.

Obras mencionadas:

Espriu, Salvador (1955), *Antígona*, Palma de Mallorca, Moll.
Harrison, Robert P. (2003), *The Dominion of the Dead*. Chicago, Chicago, University of Chicago Press.
Lévi-Strauss, Claude (2003), *Tristes trópicos*, Barcelona, Paidós Ibérica.

LOS ÚLTIMOS CINCO MESES DE JOAN COLOM

Una paloma blanca

Capellades, octubre de 1938

Joan Colom tiene la guerra en sus brazos. Hace tantas horas que muele trigo y carga sacos de harina en el Molí Xic que se siente agotado y exhausto. Aunque ese mediodía también reconoce que el trabajo es un arma que, en lugar de poner fin a muchas vidas, las salva. La harina combate el hambre y la miseria que padecen incontables hogares de la retaguardia. Después tiene un recuerdo para con sus hermanos, Josep y Tonet, que forman parte de las quintas de soldados que la República ha movilizado hacia el frente. Piensa en los peligros a los que se exponen contra el ejército rebelde, que está a punto de decantar el conflicto a su favor, con una fuerza de armas injustamente desigual. Planteadas, así las cosas, incluso se siente afortunado.

A sus cuarenta años, con mujer y tres criaturas que sacar adelante, únicamente desea que la pesadilla se acabe de una vez, que vuelvan los movilizados por el Ejército popular y que se llenen de vida otra vez sus hogares. Que se recupere la normalidad y que, junto con sus hermanos, pueda emprender de nuevo el trabajo en Construccions Colom, la empresa que creó su padre. No quiere que esta barbarie se alargue ni un solo día más y siente añoranza de los tiempos en que levantaban edificios para que la gente viviera felizmente. Sus padres, Antonio y Roser, son ya mayores. Hace tiempo que el *Moreno*, apodo que su padre se ganó tras soleadas jornadas laborales, ya no es el de antes. Sale poco a la calle y extraña más el pasado de lo que vive el presente.

Con tanto trabajo, Joan Colom pierde la noción del tiempo. El reloj que lleva en la muñeca izquierda esconde las horas bajo una capa blanca. Con la otra mano, aparta la capa de harina y se da cuenta de que es muy tarde. Teresa y sus hijos lo esperan para cenar. En unos tiempos en los que muchos padres de familia son enviados a la guerra y no se sabe nada más de ellos, el más mínimo retraso conlleva los peores presagios. No quiere que sufran y se da prisa en llegar a la calle Anselm Clavé. Al abrir la puerta del número 26 sale a su encuentro Laura, la hija pequeña, con una muñeca medio vestida. Los otros dos hijos, Nuri y Joan, están sentados alrededor de la mesa. La mayor hace dos pilas de almortas. Las buenas y las carcomidas. Luego, acerca estas últimas a Joan para que les saque las carcomas con una aguja de coser. Cuando dicha operación acaba, todas están igual de ricas. Al ver a su padre, el pequeño Joan exclama:

—*¿Te has caído dentro de un saco de harina? ¡Ahora eres una paloma blanca de la paz!*

—*¡Una paloma blanca de la paz que se va a la guerra!* — añade Teresa, sin girarse, con la voz rota y con la vista fija en el patio de la casa.

Joan Colom no entiende nada. Su esposa se gira, él trata de adivinarle la mirada entre cristales de lágrimas y ella le entrega una hoja.

Alcaldía de Capellades

Ordenada por el Ministerio de Defensa Nacional, la movilización de los trabajadores de la tierra y la construcción de la Quinta de 1919, para los días 20 y 21 actuales, por la presente quedáis avisado para presentaros en esta Alcaldía mañana a las 6 de la tarde para ser reconocido y recoger el pase del ferrocarril. El lugar de encuentro es Llorens del Penedés y tenéis que traer manta, muda de reserva, cuchara, plato o fiambrera, cantimplora o vaso y calzado, todo en perfecto estado. Iréis acompañados de un delegado del Ayuntamiento.

Capellades, 18 de octubre 1938

EL COMISARIO MUNICIPAL

Ciudadano: <u>*Joan Colom Solé*</u> *de la Quinta de 1919*

Tras leer la nota oficial, en casa de Joan tiene lugar uno de esos amargos e incómodos silencios, llenos de tristeza y muchos interrogantes. Ahora es Teresa quien no entiende nada.

—*¡Niños, id a tirar lechuga a las gallinas!*

El puerto de Barcelona ha sido bombardeado varias veces por aviones enemigos y hay naves medio sumergidas. Llegan pocas noticias del frente, algunas llenas de mentiras interesadas. Los transmisores de radio que hay en algunas casas apuntan hacia un final inminente del conflicto favorable a los militares golpistas. Las Brigadas internacionales, que han luchado a favor de la República, están a punto de regresar a sus respectivos países. El ejército rebelde ya ha llegado al Mediterráneo, a Vinaròs y ha partido la zona republicana en dos. El Vaticano y el gobierno de Portugal acaban de reconocer el nuevo gobierno de Burgos. La República da sus últimos coletazos. En la batalla del Ebro, tras tres meses despiadados de lucha desigual entre soldados, el resultado es un número de muertos estremecedor. Ahora son el cruel abono para una tierra manchada de sangre.

En Capellades y en tantos otros pueblos se extiende el desánimo. Hay quienes aún levantan pancartas con la palabra "¡Venceremos!", en un intento por combatir también la desmoralización, pero son muy pocos los que dan crédito a un triunfo ilusorio. Del frente solo llegan contadísimos malheridos y a sus esposas y madres les cuesta un sinfín reconocerlos. Cuando suena la alarma del bombardeo, la gente corre por las calles y se apresura en bajar a los sótanos. Los más pequeños corren con un palito entre los dientes para que las detonaciones no les dañen aún más.

—*¡Muérdelo fuerte, algún día acabará todo esto!*

La gente tiene miedo, mucho miedo, y el sentimiento compartido es el mismo en todos los sitios: *¡Basta ya de tanta guerra!*

—*Y ahora, en la última hora de la historia más triste, te movilizan a ti*— comenta la Teresa con un hilo de voz—, *¡con la familia que tienes a cargo! ¿Por qué? ¿Para hacer qué? ¿Para enterrar muertos? ¿Es que no se da cuenta el gobierno de la República de que está todo perdido? ¿No es ya bastante irreparable la desgracia?*

Joan Colom trata de calmarla y convencerla de que, precisamente porque la guerra llega a su fin, todo será ahora un puro trámite. Considera que su deber es responder a la llamada del gobierno, pero que, con las tropas de Franco en Lleida, a punto de iniciar la ofensiva hacia el resto de Cataluña, él no tendrá tiempo ni de intervenir en el conflicto, ni siquiera en la retaguardia.

Las guerras y la lógica no siempre van de la mano. Los republicanos no se explican por qué misteriosa razón el ejército rebelde ha frenado su avance tras conquistar Lleida en abril de 1938. Según algunos mandos del Ejército popular, todo responde a una estrategia militar de desgaste. Están convencidos de que Franco espera más ayuda de Mussolini y de Hitler para dar fin a la contienda de manera definitiva. Porque quiere aplastar a la República con mano de hierro y dejar una huella que se perpetúe en el tiempo.

Ante todo, Joan Colom piensa que casi no podrá hacer ni la obligada instrucción militar, y que ya no tendrá tiempo para entrar en combate. No tienen ninguna duda de que los hechos se acabarán precipitando en su favor. En las circunstancias en las que viven Joan y Teresa, pensar en un destino favorable es una brecha de cielo azul en medio de un cúmulo de nubes negras, casi un espejismo reservado a los más optimistas de cada rincón del país. Teresa lo vive con pesimismo y con mucho desánimo, y sus pensamientos se encuentran ocupados por los peores presagios.

—*¿Y si te pasa lo mismo que al marido de mi hermana Emilia? Era también un hombre de paz que el ejército movilizó en Granollers y perdió la vida en el maldito bombardeo de la Porxada.*

A las nueve y cinco de la mañana del 31 de mayo de 1938, cinco aviones Savoia que habían despegado de Son Sant Joan, en Mallorca, sobrevolaron la ciudad y dejaron caer 60 bombas y 750 kilogramos de metralla. Las calles estaban llenas de gente. El ataque causó 224 muertos y dejó 165 heridos de gravedad. También afectó a un total de 120 edificios. Y todo por un error de precisión de los jóvenes pilotos italianos. El objetivo que tenían que bombardear eran las subestaciones eléctricas de Estabanell y Pahisa, a 200 metros del centro de la ciudad. Y quedaron intactas. Entre las víctimas mortales se encontraba uno de los cuñados de Joan Colom, de nombre Josep Ferrer Xaus, de 33 años, casado con Emília Comabella Sellarès, la hermana pequeña de Teresa. Se encontraba por motivos laborales relacionados con la compañía ferroviaria en la capital de la comarca barcelonesa del Vallés oriental y, teniendo en cuenta que la ciudad no disponía de sirenas de alarma, el bombardeo le sorprendió mientras iba a comprar el periódico en la plaza del Ayuntamiento.

El centro de la ciudad quedó destrozado, y esos trágicos hechos activaron muchos planes de defensa pasiva en ciudades próximas, con la construcción de refugios y la instalación de alarmas en muchos campanarios de iglesias.

—*Teresa, si desobedezco la orden que me ha mandado el gobierno me van a declarar desertor y me vendrán a buscar. En Capellades todos nos conocemos. Te pido que no sufras más. Esto se va a acabar pronto, y yo volveré a estar con todos vosotros.*

Teresa insiste.

—*No hace ni un año que tu hermano Josep fue alcalde de Capellades y ahora que es chofer de los altos cargos del Ejército de la República, seguro que puede hacer algo por ti. Puede hablar con alguien del Ministerio de defensa nacional. Vamos a tratar de contactar con él y le pedimos que interceda por nosotros.*

Josep Colom Solé, hermano de Joan, se convirtió en la máxima autoridad política del pueblo el 9 de agosto de 1937. Desde entonces había firmado cada mes el acta de arqueo municipal en calidad de "ordenador de pagos", hasta noviembre de 1937, cuando cesó en el cargo, poco antes de que la República lo movilizara.

Teresa continua.

—*Esta movilización militar está dirigida a los albañiles y a los agricultores, y tú, por culpa de la guerra, ya no eres ni una cosa ni la otra. Tu trabajo ahora es moler trigo para que se reparta entre la gente. No es para ti la llamada a filas. Cuando empezó la guerra y pidieron que los hombres os movilizaseis, ya hicieron una excepción con los albañiles. Entonces sí que lo eras. En un tiempo en el que en lugar de construir se destruía, les iba bien que os quedaseis en los pueblos para levantar edificios si sufrían bombardeos. Los Colom lo hicisteis, pero la guerra también os quitó el trabajo. ¿Quién quiere construir una casa desde hace dos años? Tu llamamiento debe ser un error, Joan. Fuiste albañil y es evidente que se han confundido. Habla con el alcalde Vitaller. ¡Hagamos lo necesario para que no tengas que separarte de nosotros!*

Joan Colom piensa que estas razones no tendrán efecto alguno. Que no hay tiempo de avisar a nadie para que evite su marcha, y que el vínculo de su hermano con el gobierno de la República, en lugar de librarlo de la movilización, le obliga más por la relación de sangre que tiene con Josep, que también es padre de una hija pequeña, y con Tonet, el otro hermano. Los dos han sido movilizados, y nadie entendería que él no lo fuera.

Teresa pone las almortas en remojo durante dos horas. Más tarde, mientras el marido baja al pozo del sótano para llenar un cubo, levanta la cabeza por encima de la pared del patio para hablar con Paquita. La cuñada se encuentra en su cocina junto con su hija Aurora. Después de llamarla, comparten las inquietudes derivadas de la guerra y Paquita trata de convencerla de que no está todo perdido, que confíe en ella, que, si las cosas se tuercen, Doña Concha intercederá a favor de los maridos. Teresa tendrá que esperar. Sus esperanzas se llaman Doña Concha.

Hace años llegó a Capellades un lujoso coche negro. Dentro viajaba una elegante pareja que buscaba un lugar para comer y dormir. Juanita Saumell, hermana de Paquita, les ofreció su casa, y así empezó una amistad directa con Doña Concha y Alfredo Semprún, su marido, militar republicano de alta graduación.

Durante esa noche se duerme poco y mal en el número 26 de la calle Anselm Clavé. Al día siguiente, se celebra Santa Laura y al levantarse, la pequeña de la casa encuentra en su cojín dos cálidos abriguitos para su muñeca preferida, María, y para Ton, el muñeco pequeño. Los ha elaborado su madre, una de las costureras de más renombre del pueblo. Laura se apresura a abrigarlos mientras piensa que les vendrán muy bien ante el invierno que se acerca. Una vez colocados, observa que le quedan a la medida.

De nuevo en el Molí Xic, Joan Colom muele trigo en un silencio que solo rompe la muela mientras gira por la fuerza del agua de siempre, ajena a la guerra. Meses atrás lo hacía en compañía de José Aloy, el cafetero de la Lliga, de la Quinta del 1925, y que ya ha sido movilizado por el ejército hacia Vilatorrada del Cardener (localidad posteriormente llamada Sant Joan de Villatorrada), cerca de Manresa. Echa de menos las charlas que compartían sobre las pequeñas cosas que hacen la vida grande, y llega a la conclusión de que las guerras solo destruyen y nunca traen nada bueno consigo. Tras apilar unos cuantos sacos de harina, calcula el precio en el reverso de la hoja de la llamada a filas. De esta manera, cuando tenga que rendir cuentas con las autoridades locales que hacen la distribución, todo estará en orden. Después regresa a casa.

Con cuatro tacos de cerdo, las almortas están deliciosas. El pequeño Joan busca con el tenedor las que tienen agujero.

—*¡Esta también la he operado yo!*

Cuando terminan de comer, Nuri y Laura recogen la mesa. Teresa se va un rato al cuarto del costurero. Tiene trabajo atrasado y siente tanta pena que no quiere que la vean llorar ni su marido ni sus hijos. Mientras tanto, Joan Colom va a visitar a sus padres, que viven en la casa de al lado.

Al reencontrarse, sonríen con una complicidad que esquiva la dura realidad que les invade. Tras besar a la madre, se acerca a la cama donde se encuentra el padre.

—*¡Ya lo ves, hijo mío! ¡Tan alto que volamos y ahora solo soy un Colom alicaído y envejecido! ¡Qué le vamos a hacer!*

Un Colom alicaído. Antoni Colom no ha perdido en absoluto el sentido del humor, pero su hijo mayor lo ve cada día más desmejorado. Como si le hubiera desaparecido paulatinamente toda la vitalidad de antaño.

—*Volamos muy alto, sí. Y esta maldita guerra y los años que no perdonan nos han hecho aterrizar, ¡quién sabe si para siempre! Pero hace cuatro años escribimos una página dorada en la historia del pueblo. No todo el mundo puede decir que ha construido una piscina como la de Capellades.*

Tras dos años de obras por parte de Construccions Colom, en la que Antonio hizo partícipes a sus tres hijos, además de carpinteros, electricistas, técnicos y muchos otros vecinos, llegó el día de la inauguración oficial de la Piscina Azul, en los antiguos huertos del Molí de la Vila, al lado del Rec del Corronaire. Era el 25 de julio de 1934. Atrás quedaban las colaboraciones institucionales y el espíritu de un gobierno que cubría las necesidades educativas de cada localidad —en 1933 se había inaugurado también en Capellades el Grupo escolar Marqués de la Pobla—, además de las deportivas y lúdicas. También quedaba ya lejana la subscripción económica popular y muchas expectativas para un pueblo que veía con muy buenos ojos la inauguración de ese espacio acuático de encuentro.

Joan Colom nunca había visto vestir tan elegantemente a su padre. Peinado a la perfección, cubierto con una americana con solapas, una camisa blanca con todos los botones abrochados, el cuello de la camisa planchado y almidonado y unos pantalones ceñidos por encima del ombligo. También con el bigotito y la sonrisa de siempre. La ocasión bien lo merecía. Aunque en algunos periódicos se dijera que el presidente de la Generalitat, Lluís Companys, haría los honores en todos los actos, al final, y en su lugar, los presidió el consejero de Cultura y también poeta Ventura Gassol.

—¡No me atreví a navegar hasta Cuba con mis tres hermanos, porque me producía pánico el agua y construí una piscina capaz de renovar su contenido a 140 litros por segundo!

La fiesta empezó el 24 de julio. Joan y Teresa acudieron con los tres hijos. A las 9 de la noche, la piscina se iluminó con adornos de estilo veneciano. Se interpretaron sardanas, baile con la orquestina local Artístic Jazz y en el quiosco se vendieron cocas de San Jaime, manzanilla y refrescos. Durante la exhibición de saltos de trampolín, que realizó Josep Muntané, subcampeón de Cataluña de esa especialidad en 1934, fueron inolvidables las caras de sorpresa de Nuri, Joan y Laura. Como colofón, un castillo de fuegos artificiales puso el punto final a la inauguración, de modo que a todos les costó mucho dormir aquella noche.

—Lo que no olvidaré nunca es lo que pasó al día siguiente —continúa Antoni Colom—. Yo, que siempre me he rodeado de trabajadores de la construcción y que he caminado por encima de los tejados de más de la mitad de las casas del pueblo, estuve en todo momento al lado de un consejero de Cultura, del alcalde de Capellades y de muchos otros alcaldes de pueblos vecinos, de diputados a Cortes y al Parlamento de Cataluña, de tenientes de la Guardia civil, de concejales del ayuntamiento y del presidente del Patronato local del Deporte y la Natación.

Tras los discursos oficiales, la multitud expectante rodeó la piscina y se produjo un hecho inesperado para Joan Colom hijo. Como su padre quería que el niño fuera el primero en estrenar el agua, lo empujó suavemente, pero de manera efectiva para darse el primer chapuzón entre las risas de las hermanas. Con tantas personas concentradas allí, más tarde también tuvieron que buscar durante unos minutos a la pequeña Laura, que se perdió en el bosque de piernas.

Los actos públicos continuaron tras la comida de las autoridades. A las 4 de la tarde empezó el Festival de Natación, con la presencia de clubs llegados de todo el territorio: el Club Natación Barceloneta, el Club Natación de la Federación de alumnos y exalumnos de la Escuela del trabajo (FAEET) y el Club Deportivo Mediterránea. Igualmente, tuvieron lugar carreras de distintas modalidades de natación, saltos de trampolín, e incluso un partido de waterpolo. Se disputaron diversas copas ofrecidas por el ayuntamiento y tomaron parte numerosos campeones de natación y de saltos de España y Cataluña. Para el pueblo de Capellades y toda la comarca, este fue un gran acontecimiento que aún pervive en el recuerdo de los mayores.

Antoni Colom ha querido recordar estos hechos, aunque no con el fin de que su hijo reclame al ayuntamiento el cobro de la construcción de la piscina. Desde hace más de dos años, la República que impulsó la obra está amenazada por unos militares golpistas, y el dinero público se destina a combatir al ejército insurrecto. Ni siquiera José, el hijo que ha sido alcalde, ha podido hacer nada al respecto. El *Moreno* le ha hecho consciente de que los buenos recuerdos del pasado son el mejor antídoto contra las adversidades del presente.

—*Escucha hijo, por tu edad y condición, yo creía que no te llamarían a filas, pero hay más de veinte quintas que se encuentran movilizadas y, si el gobierno nos ayuda en tiempos de paz, cuando la cosa va mal, tenemos que estar a la altura y corresponder a nuestros representantes. Tu esposa Teresa debe de estar muy preocupada, y la entiendo. Pero no puedes desatender una llamada oficial. Ya sé que hay emboscados por Miramar. Y gente escondida en las cuevas del Capelló, pero cuando las cosas se tuerzan del todo, no sé qué les va a pasar. El tiempo dirá. Tu haz lo que te manden. Defiende al gobierno, y ya verás como algún día los tres hermanos Colom regresaréis al nido.*

El reloj de Joan Colom marca las cinco y media y también algún resto de harina. Primero se dirige a su casa para comer cuatro almendras y tomar un trago de vino. Teresa tiene a algunas aprendizas en el cuarto de coser y los niños suben y bajan del sótano emulando sirenas de alerta. Después se acerca al ayuntamiento.

Antoni Rigol, secretario municipal, les reclama primero la llamada a filas. Y sonríe cuando descubre las cuentas matemáticas del dorso del papel.

—*Por lo visto, lo aprovechamos todo, ¿verdad Joan? Plantéatelo de este modo. Ahora te aguardan unos días sin la obligación de cargar ni de contar sacos de harina.*

Antes de entregarle el aval que, como nuevo soldado, le permitirá desplazarse en tren por el país sin coste alguno, rellena su ficha personal.

—*Ya sé que hace años que nos conocemos y que sé la mayoría de las respuestas que me vas a dar, pero es obligatorio consignarlo todo por escrito. ¡Empecemos! Dime tu nombre y apellidos.*

—*Joan Colom Solé*

—*Ahora, el de tus padres.*

—*Antoni Colom Sabater y Roser Solé Llorens.*

Antoni Colom Sabater es natural de Capellades y, excepto durante alguna temporada en la que vivió fuera del pueblo por motivos profesionales, nunca se ha alejado de su población. Primero lo hizo en la calle del Portal número 11. En los años 20 del siglo pasado, sus tres hermanos, Josep, Pere y Ramon, junto con su madre, emigraron a Rianchuelo, en la provincia de Villa Clara, situada en el centro de la isla de Cuba. Antoni siempre ha temido el agua y sintió pánico solo con la idea de cruzar el Atlántico en barco. Por eso decidió quedarse en su localidad de origen. Su esposa Roser Solé Llorens procede de una casa de la calle Mayor de la localidad vecina de Vallbona de Anoia.

Por parte de padre, los abuelos de Joan Colom Solé son Josep Colom Tort y Magdalena Sabater Santacana, esta última también originaria de Vallbona de Anoia. Y por parte de madre, Isidre Solé Costa y Cristina Llorens Batlle. Sus bisabuelos paternos eran Antoni Colom y Dolors Tort, de Anglesola y por parte de los Sabaté, están Josep Sabaté y Rosa Santacana, procedentes de Mediona, en la comarca del Alt Penedès.

—*Dime ahora tu fecha de nacimiento.*

—*Nací el 26 de junio de 1898.*

Joan Colom Solé es el primer hijo de Antonio y Roser. Posteriormente, nacieron Josep, en el año 1900; Dolors, en el 1907, y que murió a la edad de un año y cuatro meses; y, por último, dos hermanos gemelos nacidos el año 1911. El primero nació muerto, motivo por el que le dieron el nombre de Jesús, y el segundo es Antoni.

—*¿Dónde naciste?*

—*En Barcelona, en la calle Wad-Ras número 205.*

Aunque la familia Colom reside en Capellades desde hace dos generaciones, por motivos laborales, los padres de Joan Colom Solé se trasladaron provisionalmente a la capital catalana y se instalaron en una casa del barrio del Poblenou, muy cerca de su rambla. Allí fue donde llegó al mundo, tan solo ocho meses después de que lo hiciera Joan, y en la casa número 236 de la misma calle, el célebre doctor Josep Trueta. Por esta razón, hoy en día la calle lleva el nombre de dicho ilustre médico.

—*Dime tu domicilio actual.*

—*Calle Anselm Clavé, número 26.*

En la casa de al lado, número 28 de la misma calle, viven los padres de Joan Colom Solé. También vivían allí los hermanos Josep y Antoni antes de que el Ejército popular de la República los movilizara. Josep desde hace pocos meses y Antoni mucho más tiempo. Ahora mismo, conviven con Antoni Colom Sabater y Roser Solé Llorens, Paquita, la mujer de Josep, y Aurora, la hija de ambos. En esa casa también vivió el mismo Joan Colom cuando se casó, y allí tuvo su primera hija, Nuri, pero después se trasladó junto con su esposa Teresa a la casa de al lado, la número 26, en la que nacieron sus otros dos hijos, Joan y Laura. Las dos casas se comunican interiormente a través de los sótanos contiguos.

—*¿Edad?*

—*Cuarenta años.*

Los cumplió el pasado junio, dos días después de su onomástica.

—*¿Estado civil?*

—*Estoy casado con Teresa Comabella Sellarès.*

Teresa es la segunda hija de una casa de Capellades —conocida con el apodo de Cal Cisteller—, tras Pauleta y anterior a Palmira y a

Emilia. Dicho apodo proviene del oficio del padre de las cuatro hermanas, Isidre Comabella Alemany, que elaboraba y vendía cestería fina, sillas de mimbre, médula y junco, además de persianas y alfombras de todo tipo. Tenía su taller-tienda de cestería y espartería en el número 31 de la calle Prat de la Riba de Capellades, también conocida como calle Mayor. Allí vivía con su esposa Rosa Sellarès Marquès. Desde muy joven, Teresa demostró unas excelentes aptitudes como costurera y tuvo la ocasión de formarse en corte y confección en Barcelona. Después se convirtió en modista profesional. Ahora mismo, acoge en su casa a un grupo de jóvenes aprendices a las que enseña las mejores técnicas.

La boda de Joan Colom y Teresa Comabella se celebró el 8 de septiembre de 1925 en la parroquia de Santa María de Capellades. Son padres de Núria, nacida el 29 de marzo de 1927, de Joan, nacido el 6 de septiembre de 1928 y de Laura, que nació el 23 de julio de 1930.

—*¿Profesión?*

—*Albañil hasta que empezó la guerra y ahora harinero en el Molí Xic.*

A consecuencia de la falta de proyectos de construcción de casas que conllevó el conflicto bélico, su actual ocupación es la molienda de trigo en un molino papelero que ha mantenido una antigua muela que gira gracias a la fuerza del agua de la acequia procedente de la *bassa* del Molí de la Vila, el lago natural de la población. El Molí Xic forma parte del conjunto de dieciséis molinos papeleros que se encuentran en Capellades. Joan Colom trabaja en el conocido como Molí Xic d'en Pasqual, porque el terreno en el que se levanta era propiedad de un hombre conocido popularmente como Pasqual dels Andayos. Durante el siglo XVIII, el molino combinó la función de harinero con la de papelero gracias a la familia Farreras y, posteriormente, pasó a ser propiedad de otra familia de papeleros, los Munné, quienes mantuvieron la muela de moler trigo hasta los años cuarenta. Actualmente, este molino es propiedad de la empresa papelera tricentenaria J. Vilaseca S.A.

—*¿A qué quinta militar perteneces?*

—*A la de 1919.*

Joan Colom realizó el servicio militar en el Regimiento Almansa número 6, en Tarragona, un año después del final de la Primera guerra mundial. En su casa conserva aún una tarjeta postal impresa sobre cartón duro por Fotografía Chinchilla, fechada el 20 de diciembre de 1920.

—*¡Hemos terminado! Prepara el material que te han requerido y mañana sé puntual. Tomaréis un tren dirección Barcelona, y una vez allí, otro tren os trasladará a Llorenç del Penedès, cerca de Vilafranca del Penedès.*

Antes de reencontrarse con los suyos, se acerca al huerto que cultiva delante de Casa Bas, una casa emblemática de Capellades, casi al lado del ayuntamiento. Mientras cosecha acelgas y coles, le inquietan algunos pensamientos. Sus padres son muy mayores y sus dos hermanos están movilizados por la guerra. Por su parte, Teresa, su esposa, está muy atareada en el cuarto del costurero. Con este panorama, ¿quién cultivará ese huerto hasta que regrese?, ¿quién se hará cargo de plantar las habas como cada año en esas fechas?, ¿quién cuidará el viñedo que tiene en la zona de Camaró?, ¿quién recogerá los higos?, ¿quién llevará allí sus hijitos para que degusten caramelos dulces y beban de la fuente natural? De repente, toma asiento sobre una roca del huerto, bajo un sol de octubre que le acaricia el rostro, y rememora un episodio familiar de hace unos cuantos años.

Sus hijos eran muy chiquitines y ante un día largo de luz, Teresa y él se los llevaron a cenar en la Font del Llangardaix de Dalt, un paraje natural cercano a Capellades. Lo tenían todo previsto. Los víveres, la ropa para abrigarse si soplaba el viento, y la que usarían a modo de cómodos asientos. Joan llevó una botella de vino fresco y, una vez en la fuente, sus hijos jugaron a tapar con los dedos la salida del agua. Primero con la ayuda de un tronco, después con sus tiernas palmas. Cuando liberaban el agua, el chorro era de tal tamaño que no cabía en sus manitas. Más tarde, organizaron carreras de hojas sobre el agua, que se precipitaba por la montaña hacia la Font del Llangardaix de Baix, cerca del camino que conducía a la estación del ferrocarril. De repente, Teresa los reclamó y los tres se apresuraron a sentarse en el suelo. Mientras Joan hacía rebanadas de pan, les contó que el lugar en el que se encontraban había sido hacía años el escenario de encuentros de espiritistas. Mientras Núria preguntaba qué era un espiritista, súbitamente, Laura chilló con todas sus fuerzas. Muy cerca de ellos había aparecido una serpiente de gran longitud. Su padre exclamó, "¡que nadie se mueva!". Después se alzó lentamente, se colocó detrás del réptil y lo agarró con su mano izquierda, muy cerca de su cabeza. El animal se enroscó en su brazo, cada vez con más presión, hasta que Joan lo asfixió. A continuación, se quitó de encima la espiral de escamas que le cubría el reloj y lanzó la serpiente a unos cuantos metros. Sus hijos aún tenían la piel de gallina, pero él aprovechó para inculcarles que siempre hay que intentar combatir los males del mundo. Los cinco cenaron y, con el temor que el réptil volviera a aparecer, Núria, Joan y Laura quisieron regresar cuanto antes a casa. Esa noche, la serpiente se les volvería a aparecer, larga como una pesadilla.

De estos hechos hace ya muchos años, pero Joan Colom recuerda muy bien esa serpiente. Cuando llega a casa, encuentra a su familia muy atareada. Teresa prepara la olla que colgará en los llares dentro de la chimenea, en cuanto Núria y Joan junten las brasas. Laura está sentada cerca de la ventana, intentando ensartar sin éxito un hilo en una aguja de coser, y se pincha en un dedo. La sangre tiene el sabor de la curiosidad. Encima de otra silla, Joan Colom descubre un montón de objetos. Sobre una manta hay unos pantalones y una camisa. También un plato de metal con una cuchara sopera y un vaso en su interior. Al lado le esperan también sus zapatos más cómodos.

—*Padre ¿te vas a montar en un avión de esos que escupen bombas?* — le pregunta Joan hijo.

—*¡No tan arriba! Lo que yo deseo es aterrizar de nuevo aquí muy pronto.*

Mientras cenan, Teresa le pregunta si ha contado a los responsables del ayuntamiento que él ya no es un trabajador de la construcción. Joan intenta convencerla de que, aunque lo hubiese explicado, no habría servido de nada. Que el secretario únicamente se encarga de rellenar las fichas del alistamiento y que carece de cualquier poder para cambiar nada.

Nadie apura su plato. Antes de acostarse, Joan Colom besa con profunda emoción las mejillas de sus tres hijitos. Después, sonríe para desvanecer el miedo que comparten todos. Pero el miedo sigue allí, y entonces se aferra a la ilusión de que no le pasará nada malo.

Durante esa noche, en la casa se respira un silencio absoluto solo interrumpido por el maullido de un gato hambriento o por el zumbido del agua que pasa por la acequia que atraviesa el patio y llena el lavadero. Teresa no duerme. Joan no duerme. Los tres hijitos sueñan con mundos mejores. Sin armas, sin lágrimas, sin miedos, sin despedidas, sin la obligación de apresurarse hacia los sótanos con un palito entre los dientes cuando suenan las alarmas.

Al amanecer, Joan Colom recoge el paquete que contiene todo lo que necesita y, después de comer un poco, se dirige al ayuntamiento. Teresa lo abraza como nunca, y desde la puerta de la casa no deja de mirarlo, hasta que una lágrima le desdibuja el rostro del marido al final de la calle. Si de ella dependiera, nunca cerraría la puerta de la casa entre los dos.

En el ayuntamiento, Joan se reencuentra con compañeros de su quinta. Casi todos tienen cuarenta años o están a punto de cumplirlos. Casi todos tienen cargas familiares a sus espaldas. Durante el trayecto hacia Llorenç del Penedès, piensa que esa no es su guerra. A su lado también se encuentran movilizados chicos muy jóvenes, que se lo toman como una aventura más. Joan Colom prefiere mil veces más otras aventuras. Sacar a los suyos adelante, trabajar duro para conseguirlo, cuidar el huerto para que les dé los mejores frutos, nadar en la piscina que construyeron los Colom con ese bañador color marrón combinado con rayas de tono beige, visitar a menudo a sus padres, reencontrarse con sus hermanos, fumar un cigarro a media tarde, charlar debajo el nogal majestuoso de casa de sus suegros, merendar en el bosque de Camaró con los suyos, cerca del viñedo de su padre, degustar cuatro almendras y después tomarse un buen trago de vino fresco. No quiere nada más.

En el campo donde los reclutan, rodeado de otros viñedos ya vendimiados que empiezan a dorarse, todo son prisas, nervios y desconcierto. Tras una espera muy larga, les ordenan que formen en filas delante de las distintas mesas en las que se procede al alistamiento. El representante del Ayuntamiento de Capellades les deja allí, a merced de unas nuevas autoridades. En los últimos meses ha realizado tantas veces ese trayecto, que ya nada le sorprende. Una vez comprobadas las credenciales, les obligan a esperar de pie durante horas. Los restos de harina que aún conserva el reloj de Joan Colom le arrancan una sonrisa. De pronto, uno de los nuevos reclutas se queja abiertamente de la espera y un sargento le hace callar inmediatamente.

—*¡Esto no es un juego!, ¿te enteras?* — le espeta a un milímetro de su nariz.

Nadie con uniforme está para bromas. Este incidente viene seguido de un silencio incómodo. Hasta que llegan los camiones. Sentados en las cajas, los reclutas más jóvenes vuelven a bromear.

—*Ahora nos llevan a la playa de Sitges y después nos invitarán a una gran paella para que la degustemos delante del mar.*

Tras unos kilómetros, hay soldados que logran dormirse, aunque las sacudidas del vehículo sean incesantes y el motor sea de los más ruidosos. El trayecto hacia Barcelona se hace muy largo. Entre otras razones, porque la caravana se detiene con frecuencia. Desde la Compañía de transmisiones del Ejército, se alerta a menudo de la aproximación de aviones enemigos que proceden de una base militar que tienen en Mallorca y que amenazan, una vez más, la vida de miles de personas. Una hilera de camiones militares es un blanco muy fácil para los bombarderos italianos.

Finalmente, después de unos cuantos sobresaltos, llegan al campo de instrucción y movilización militar. Se encuentra en la parte más alta de la ciudad, en el cuartel de Horta, que lleva el nombre del presidente de la Generalitat que proclamó el Estado catalán en 1931. Los reclutas bajan del camión dentro del cuartel Francesc Macià, justo delante del pabellón de Llevant, en medio de un conjunto arquitectónico tan majestuoso que los deja boquiabiertos.

La instrucción

Cuartel de Horta. Barcelona, noviembre de 1938

—*¡Esto es un* CRIM! — exclama un recluta. Los demás lo miran sorprendidos. —*No me lo invento. Es un Centro de reclutamiento, instrucción y movilización. Estos campos militares se llaman así, y las siglas de sus nombres los convierten en un* CRIM —. Por un momento los reclutas relacionan la palabra con "crimen". —*Ahora mismo funcionan seis en Catalunya. El nuestro es el número 16, el* CRIM *Barcelona, del que dependen otros campos de instrucción.*

Se oyen voces que ordenan formar filas a los soldados. Bajo un sol que no parece de otoño, vuelven a situarse, uno tras otro, delante de nuevos controles. En esta ocasión, la fila es mucho más larga que la de Llorenç del Penedès, con una gran variedad de estaturas, edades y desempeños, y con el miedo común de no regresar nunca más a sus respectivos hogares. Poco después, les reparten el material para la instrucción. Joan Colom recibe un uniforme militar, un mono, dos camisas largas, dos calzoncillos cortos de color blanco, dos toallas, dos pañuelos, dos pares de calcetines, un plato de aluminio y una cuchara. Luego los trasladan a una sala grande donde los someten a una revisión física, les cortan los cabellos y se visten de militares.

Aunque la ropa que ha recibido, a diferencia de otros, le queda como un guante, a Joan Colom le preocupa que se descosa a la más mínima, porque es lo que pasa con las piezas de confección. Pero estar casado con una de las mejores costureras, capaz de las filigranas más elegantes con todo tipo de piezas, tiene sus ventajas. También llega a la conclusión de que, si les hacen correr mucho, pronto necesitará más calcetines. Por esa razón, decide que en la primera carta que escriba a Teresa, le pedirá que le envíe más pares.

A pesar del contratiempo de alejarse de Capellades para realizar la instrucción militar, se siente afortunado de poder pernoctar en uno de los edificios más singulares de Barcelona, la Casa de les

Punxes, entre las calles Rosselló, Bruc y la avenida Diagonal, a poco menos de una hora en autobús del campo militar. Allí vive Doña Concha, que se ha brindado a acogerlo mientras realiza la instrucción porque de otro modo sería imposible que se desplazara cada día a Capellades. Pero, para Joan, aún hay algo todavía mejor. Doña Concha está casada con un teniente coronel del Ejército de la República, Alfredo Semprún Ramos. Se trata de un guardia civil que en su momento se incorporó a la Guardia nacional republicana. Durante la guerra ha ascendido a comandante de la 124ª Brigada mixta, ha combatido en el frente de Aragón y, a partir de octubre de 1937, dirigió la 3ª División asturiana. Tras la caída del frente Norte regresó a la zona centro republicana, aunque no volvió a desempeñar puestos relevantes. Para Joan Colom no se trata de un detalle más. Está convencido de que, una vez que finalice su instrucción, este militar puede facilitarle seguir sirviendo a la República sin salir de Barcelona. Es un deseo que le acompaña a diario.

Cerca de la Casa de les Punxes también vive Conchita, otra amiga de la familia, que se dedica a planchar ropa para la gente desde la portería de una casa de la calle Rosselló y que también puede echarle una mano. Por ejemplo, con la correspondencia de cartas y de material que Teresa pueda enviarle a través de ella.

Entre octubre y noviembre de ese 1938, los días se suceden con una idéntica disposición horaria. Cada día se levanta a las seis y media, come un trozo de pan con almendras y, poco después, toma un autobús que tiene parada justo delante de la casa de Doña Concha. A las siete y media llega al Cuartel de Horta. Se iza la bandera republicana con gran solemnidad, se pasa lista y después les sirven café, de vez en cuando, incluso, con un poco de leche. A las ocho de la mañana, se encaminan hacia el campo de instrucción y durante los primeros días les obligan a realizar unos ejercicios muy mecánicos. Llevar el paso en formación con la culata del fusil encima de la palma de la mano izquierda y recostado sobre su hombro; alienarse, girar a la derecha, girar a la izquierda… Todo bajo la voz de mando del instructor. También les ordenan llevar a cabo marchas nocturnas, realizar con tiempo limitado fortificaciones para asegurar las posiciones conquistadas en los campos de batalla, fijar puntos de fuego defensivo, ensayar ataques con bombas de mano, llevar a cabo marchas diurnas de batallón en orden de combate y ejercitarse en combates ofensivos. Hay días enteros en los que lo único que corre es el tiempo dentro el reloj de Joan Colom hacia las doce del mediodía. También reciben formación sobre el funcionamiento de los fusiles. Cuando les obligan a correr por la montaña, en pleno simulacro de ataque flanqueados por soldados que montan a caballo, Joan Colom reconoce que su arma pesa más que la azada de su huerto, y lo último que desea es verse obligado a usarla alguna vez. Avanzan agachados entre arbustos secos rodeados de una nube de polvo. Les obligan a tirarse y a levantarse de nuevo. Acostumbrados al ruido del fogueo, hay soldados que creen que todo es un juego. Pero cuando menos se lo esperan, las alarmas de bombardeo y las detonaciones de los anti-aéreos del Carmel les demuestran que la cosa va en serio y que deben ejercitarse a conciencia si pretenden seguir con vida. Los instructores intentan inculcarles entusiasmo, energía, agilidad y técnica. Como si se tratara de los primeros coletazos de la guerra y las fuerzas confrontadas se encontrasen igualadas. Pero los nuevos reclutas son conscientes de que la guerra está a punto de decantarse de un lado de manera definitiva, y lo único que la gran mayoría desea es salir del conflicto de la mejor manera posible. La mente de muchos está ocupada por las últimas noticias que llegan de las carnicerías acontecidas en los frentes de Seròs y Balaguer, tras la batalla del Merengue y el mortal bautizo de fuego que ha sufrido la Quinta del biberón. Jóvenes inexpertos, inocentes… Ahora mismo, mucha sangre joven queda abandonada para siempre en esas áridas tierras.

Luego les vuelven a pasar lista, entregan las armas y les sirven otro plato. Joan Colom considera que el trozo de pan es grande y apetitoso, y acompaña perfectamente la sopa y el plato de carne que, según el día, se combina con patatas o lentejas. En el plato les sirven un poco de carne estofada extraída de una gigantesca olla y después les conceden un rato para que lo digieran todo. Por la tarde, se repiten acciones y comidas. Vuelven a pasar lista, realizan la instrucción militar hasta las cinco y una hora después les sirven la cena. Finalmente, a las siete de la tarde los liberan hasta el día siguiente a las siete y media de la mañana. Él cree que no tiene ningún motivo de queja por la comida. No es que sea muy abundante, pero está bien cocinada. Lo que aún no se explica es por qué está en Barcelona, movilizado por una guerra que no siente suya y, lo que es peor, separado de quienes más quiere en el mundo. Dominado por una creciente nostalgia, aprovecha la ocasión para escribir una carta.

Cuartel de Horta. Barcelona, 9 de noviembre de 1938

Querida esposa. Salud te deseo a ti y a todos, como la mía es buena hasta la fecha. Ya sabes que mi deseo sería teneros a todos siempre a mi lado, porque mi verdadera ilusión es estar rodeado de los hijos y de ti, con esa tranquilidad que ha presidido nuestra forma de vivir, pero el destino ha querido que de momento no sea así. ¡Qué vivir más extraño que nos ha provocado la guerra! A mi lado se encuentran soldados de todas las edades, incluso unos que podrían ser padres y otros de la edad de nuestro pequeño Joan. Seguramente pasaré unos días más en este cuartel hasta que aprenda bien la instrucción militar y luego mi intención es pedir el traslado a otro cuartel de Barcelona para poder combinar un día de trabajo con un día libre, como tienen muchos soldados. Solo hace cuatro días que nos separamos y parece que haya pasado un año. Después de tanto tiempo a tu lado no creía que llegase el día en el que no pudiera desearos las buenas noches. Lo único que me consuela es que no oís la señal de alarma y los posteriores bombardeos que recibimos en Barcelona y que causan tanto daño en la ciudad. Si me tienes que enviar algún paquete o alguna carta, hazlo a través de Conchita, de este modo me llegarán. Tenía la esperanza de que me enviases vino y almendras, así como un panecillo de esos morenos que tanto me gustan antes de acostarme. Echo mucho de menos el vino. En el cuartel solo puedo beber agua, y ya sabes que el agua y yo no somos muy amigos. Supongo que ya has hablado con Paquita y ya debes saber cómo está todo. Ahora mismo son las once de la noche y volvemos a estar en aviso de alarma. Por eso escribo como puedo y de prisa. Supongo que en Capellades todo sigue igual. Aquí no nos llega ninguna noticia del pueblo. Cuando pueda, me haré una fotografía, porque me la piden, y ya os la enviaré también. Diles a mis padres que estamos bien y que no nos podemos quejar dadas las circunstancias. Solo nos queda tener paciencia y esperar que todo esto acabe algún día. Quiero pensar que nuestros hijos Nuri, Joan y Laura se portan bien, porque si no es así me enfadaré. Quiero que a mi regreso me digan: "¡Papá, a mamá no la hemos hecho enfadar ni un solo día!". Ellos ya saben cuánto los quiero y que pienso mucho en todos vosotros. Tú no sientas envidia de los de mi quinta si de vez en cuando van a Capellades. Yo estoy bien y feliz de pensar que siempre que te apetezca verme lo podrás hacer y estar junto a mí, mientras que hay soldados que no podrán hacerlo porque están muy lejos. Es una satisfacción que compartimos tú y yo, a diferencia de muchos otros. Dales recuerdos a tus hermanas y dile a Ramon que, a pesar de que vivamos con el peligro constante de la aviación enemiga, nunca perdemos la serenidad y que a él le vendría bien conocer todo esto porque incluso resulta divertido presenciar cómo disparan los antiaéreos. Dale también recuerdos a las chicas que van a aprender en el costurero y diles que aguarden sentadas el regreso de los más jóvenes, porque el tema va para largo.

Las ganas de dormir le dominan y decide que acabará la carta al día siguiente, cuando renueve fuerzas para transmitir a Teresa una tranquilidad de la que él carece. Por la mañana, en plena instrucción en el campo central, se conmueve por lo que afirma otro recluta. Asegura que si Franco, en lugar de detener sus tropas después de conquistar la ciudad de Lleida en abril de 1938, hubiese seguido avanzando por el territorio, a ellos no les hubieran movilizado. Habrían acabado perdiendo la guerra, como se prevé desde hace tiempo, pero sin la obligación de separarse de sus familias. Joan Colom ve que está en lo cierto y llega a la conclusión de que son víctimas de un infortunio más. Como si, de repente, el destino se hubiese propuesto ir en su contra.

Durante esos días de noviembre, la Batalla del Ebro arrecia y cada vez se decanta más a favor del ejército rebelde. El frente republicano empieza a resquebrajarse por diversos puntos y sus tropas reciben el azote incesante de los bombardeos enemigos, sobre todo por parte de la Legión Cóndor alemana. Después de duros enfrentamientos, los franquistas llegan a la Serra de Cavalls y de Pàndols. En medio de un caos absoluto, con los lloriqueos desconsolados de soldados muy jóvenes que antes de morir claman desesperados la ayuda de sus madres y con los gritos de los heridos que agonizan por todas partes, el Ejército popular toca retirada con el objetivo de volver a cruzar el río Ebro cuanto antes. El 16 de noviembre, tras ciento quince días de combates, el frente de batalla sigue igual que al inicio de la contienda, pero el coste humano es muy elevado. Treinta mil muertos, sesenta mil heridos y más de quince mil prisioneros republicanos. Los que pueden escapar de ese infierno vuelven a cruzar el río, y en muchas casas empieza la cuenta atrás en la previsión ilusoria y en el deseo de unos regresos que nunca tendrán lugar.

Joan Colom retoma la carta.

La posibilidad de poder ir a Capellades está muy complicada de no cambiar las órdenes que tenemos, porque la cosa es muy seria. Éste es el único sacrificio al que hasta ahora me obliga la guerra y una de las cosas que me causa más tristeza. Si pudiese regresar a vuestro lado, aunque sólo fuese una vez al mes, ya sería feliz. Ahora mismo, necesito urgentemente una mochila. En Barcelona no se encuentran fácilmente, y las pocas que hay son muy caras. He pensado que podrías coger un saco de esos de vela de barco que tenemos y hacérmela tú misma. Aquí se llevan de todo tipo y forma, y siempre tengo que molestar a otros soldados para que guarden mi material. El plato, la cuchara, el mono, el trozo de pan que me guardo y todo lo poco de que dispongo. Y no quiero molestar a nadie más. Espero que puedas ayudarme también en esto. Dile al pequeño Joan que corte mucha verdura para que el pollo engorde, de modo que a mi regreso podamos darle unos grandes bocados. Dile a Nuri que ayude a la abuela en todo lo que necesite. Dile a Laura que no descuide a sus muñecas y que las abrigue bien ahora que se acerca el invierno. Supongo que ya tenéis crías de conejo. No los alimentéis en exceso. Y a ti, amada esposa, ¿qué quieres que te diga si no puedo hacerlo delante de ti? ¡Estamos tan lejos! Solo te diré que te mando el abrazo que manda un marido a la mujer que más ama y que

deseo continuar la vida a tu lado, juntos y felices para siempre.
Es lo que deseo con todo mi corazón.

Joan

Al día siguiente, en el cuartel corre la noticia de la derrota acontecida en la Batalla del Ebro. También circula entre los reclutas un fragmento de periódico que da cuenta del multitudinario acto de despedida que recibieron, en Barcelona el 28 de octubre, las Brigadas internacionales que han luchado a favor de la República. Voluntarios llegados de más de cincuenta países para luchar contra el fascismo. La gran mayoría, trabajadores reclutados por distintos partidos europeos y de muchos otros países. Su participación ha tenido mucha relevancia al inicio de la guerra, a través de actuaciones decisivas en diferentes batallas, pero con el resultado de la contienda decantado a favor de los insurrectos y con sus filas diezmadas por tantas bajas, su retirada es más simbólica que real. Uno de los soldados lee en voz alta las palabras que les ha dedicado la dirigente comunista Dolores Ibárruri. Los considera una "leyenda, un ejemplo de solidaridad y unos héroes de la democracia". En ese momento, el sentimiento compartido por todos los reclutas es que todo está perdido.

Joan Colom está convencido de que pronto regresará a Capellades. Bajo otro régimen político y en unas condiciones sociales que desconoce, pero al lado de los suyos que, dadas las circunstancias por las que pasan, es lo único que desea en el mundo.

Casi dos semanas después, tiene lugar un hecho inesperado que destroza por completo sus ánimos, ya por debilitados de por sí. Desde el patio de instrucción descubre a su hermano Josep. Por lo pronto, cree que se trata de un espejismo provocado más por las ganas de volver a coincidir con él, que por la realidad. Pero enseguida reconoce que, efectivamente, se trata de su hermano. Bajo una gorra militar plana con visera, le saluda con la mano. Joan Colom cree que el reencuentro es una consecuencia directa de las gestiones que ha llevado a cabo Doña Concha después de intermediar en su favor. Y piensa que, ahora, él y Josep podrán volver a Capellades. Pero hay un detalle que le inquieta. La expresión seria de su hermano poco antes de comunicarle que ha muerto el padre de ambos. Los dos se funden en un emocionado abrazo que casi les corta la respiración.

Antoni Colom Sabater tenía sesenta cinco años y una sonrisa repleta de vida. A las siete de la tarde del 25 de noviembre sufrió un colapso cardíaco en su cama. No hubo tiempo ni para avisar al doctor Sierra, el médico del pueblo, que después se encargó de certificar su defunción.

Joan y Josep están convencidos de que se trata de otra mala pasada del destino. De los cuatro Colom, el padre y los tres hijos, acaba de fallecer el único que no se encontraba movilizado por la guerra. Después de los trámites obligatorios, se les concede el permiso extraordinario para que puedan asistir al entierro. El otro hermano, Tonet, se encuentra destinado cerca del frente de batalla y no se le autoriza la asistencia al funeral.

El trayecto en el primer tren que se dirige a Igualada se hace largo e inacabable para los dos hermanos. En la estación de Martorell permanecen parados durante mucho tiempo. Joan Colom mira insistentemente el reloj de su mano izquierda. Como si sus anhelos por reencontrarse con los suyos pudieran acelerar el tiempo. Cuando llegan a Capellades, Joan y Josep descienden del minibús que les ha subido desde la estación del ferrocarril y se dirigen hacia sus casas. A lo lejos, entrevén las siluetas de dos niñas que corretean entre risas por la calle. Son Laura y Aurora. Cuando descubren a sus padres, se apresuran a su encuentro gritando de alegría, de tal manera que abren a su paso algunas cortinas del vecindario. Después de fundirse en un tierno abrazo y sin soltar sus manos, discuten sobre cuál de las dos tiene el padre más elegante y guapo. Según Aurora, es Josep, porque luce una gorra con visera que le hace destacar claramente. Según Laura, se trata del suyo, porque de su gorra cuelga una borla roja. Las sonrisas de los dos hermanos desaparecen cuando atraviesan la puerta del número 28. La madre, ahora viuda, y sus respectivas esposas, Teresa y Paquita, velan el cuerpo de Antoni junto con otros familiares y muchos amigos. Joan Colom y Teresa se abrazan con emoción. Laura, Joan y Nuri se suman al abrazo. También Aurora.

Ese domingo, 27 de noviembre de 1938, Joan Colom vive sensaciones muy contradictorias. Por un lado, se siente feliz por el reencuentro con los suyos y con su pueblo. Pero por otro, le embarga la tristeza por la muerte de su padre, de quien no ha podido despedirse, y además reconoce que, una vez que acabe el funeral, deberá reincorporarse al Ejército, muy a su pesar, y sin ni tan solo poder dormir una noche en su casa. Está convencido de que Teresa y Paquita cuidarán de su madre mientras siga su alejamiento obligado, pero desearía acompañarlas más que nunca. Se acaba de convertir en el Colom mayor, una gran responsabilidad para él.

A las diez y media de la mañana, la calle Anselm Ferrer se llena de personas. No todas las que tendrían que estar, porque muchos amigos se encuentran movilizados por el Ejército, como el hijo menor del difunto. Pero son muchos los que quieren despedir al *Moreno*. Al cabo de un rato, el cortejo fúnebre se dirige al cementerio en medio de un silencio que impresiona. Cruza la plaza Àngel Guimerà, se encamina por la calle García Hernández y, cerca de la fábrica Guasch, asciende por la montaña donde está situado el cementerio. Siguen el ataúd la viuda, acompañada por Teresa y Paquita, los hermanos Colom, Joan y Josep. Y también Nuri, Joan, Laura y Aurora. Y detrás, el resto de la familia y amistades. También asisten las autoridades locales. Cuando llegan al cementerio, los presentes reciben un responso que ruega un piadoso recuerdo para Antoni Colom. La ceremonia es corta y sobria. De vez en cuando, la interrumpe algún llanto que rompe el silencio compartido o el murmullo del viento frío de otoño que estremece los árboles de alrededor.

Mientras la familia se dispone a regresar a sus casas, Hortensia, una vecina de la calle Montserrat, se acerca a Joan Colom y le pregunta si tiene alguna información referente al paradero de su hijo Josep Pinyol quien, a sus dieciocho años, también ha sido movilizado por el Ejército con la Quinta del biberón. Y comparte la angustia de no haber recibido carta alguna, ni saber nada de él desde hace meses. Joan Colom le responde que él está destinado en Barcelona y que las noticias que llegan del frente son muy confusas. Entonces se suma Florenci, marido de Hortensia. Le transmite sus más sentidas condolencias por la muerte de su padre y disculpa el atrevimiento de su esposa mientras se despiden.

De nuevo en casa, Joan Colom y Teresa charlan un rato cerca de la chimenea del comedor. Encima está colgado un mapa de Catalunya que Teresa realizó a sus trece años, cuando estudiaba en la escuela de la Divina Pastora de Capellades. Por esa reproducción recibió tantos elogios que, cuando se instalaron en la nueva casa, el matrimonio decidió colgarlo en el lugar más visible. Con una letra estilizada a tinta, el mapa sitúa las cuatro provincias y la especialidad industrial de cada una. "Igualada, curtidos; Capellades, papel…". Todo flanqueado por Aragón al oeste, por los montes Pirineos al norte y por el mar Mediterráneo al este. Se trata de una auténtica obra de arte fechada en 1913 y firmada con las iniciales T y C mayúsculas y entrelazadas que, con su artística forma, ya eran premonitorias de las aptitudes creativas de Teresa.

Joan Colom no se alejaría del lado de Teresa ni en mil años, pero de vez en cuando observa el reloj y reconoce, con inquietud, que el tiempo se le acaba. Teresa le entrega entonces la mochila que le ha confeccionado con las telas de barco. Es consistente y espaciosa, y está cosida a conciencia y con todo el amor del mundo, en previsión de futuros contratiempos en el Cuartel de Horta. Él le agradece el detalle, más aún cuando en su interior descubre una bolsa de almendras y una botella con el vino que más le gusta. Poco después, viene Josep a buscarlo junto con Paquita y la madre de ambos. Y tienen que volver a despedirse. De nuevo, en el tren que los aleja de los suyos, Joan Colom maldice otra vez la guerra y el malvivir que le acarrea.

Durante la semana siguiente, entre nuevas alarmas de bombardeos y detonaciones de los antiaéreos del Carmel, Joan Colom reflexiona de nuevo sobre la muerte de su padre. Constata que, en su momento, ya tuvo que separarse de su propia madre y hermanos, que emigraron a Cuba, y ahora ha dejado este mundo de locos con sus tres hijos movilizados por la guerra.

Un día, tras pasar lista, comunican a los soldados su incorporación inminente a los distintos cuerpos del Ejército. Entre ellos circula el temor de que les envíen a primera línea de fuego. Joan Colom se siente inquieto porque desconoce si las gestiones realizadas a través de Doña Concha han dado algún fruto.

No han dado fruto alguno, y su destino es el cuerpo de aviación.

Después de la derrota en la Batalla de Teruel, en febrero de 1938, junto con la presencia de barcos enemigos en la costa y la participación demoledora de la aviación italiana procedente de Mallorca, la República ha construido, acondicionado y reforzado más de cincuenta aeródromos. Teniendo en cuenta que el frente se encontraba entonces en el río Segre, y tras la fatídica Batalla del Ebro, el Ejército republicano ha decidido incrementar los efectivos del cuerpo de aviación y, sobre todo, ha establecido una red de campos militares por todo el territorio catalán al servicio de las Fuerzas aéreas republicanas acorde con la proximidad al frente de guerra. En primera línea ha situado distintos campos en las comarcas del Anoia, Alt Penedès, Tarragonès, Alt Camp y Baix Camp, que son las sedes de aviones de caza rusos como los Chatos (Polikárpov I-15) o los Moscas (Polikárpov I-16), los cuales, dada su limitada autonomía de vuelo, requieren no alejarse demasiado del frente de guerra. Una segunda línea de aeródromos se encuentra en las comarcas del Vallès Oriental y Osona, que acogen aviones bombarderos ligeros como los Delfines (Grumman G-23) y los Natacha (Polikàrpov R2). Por último, se ha establecido una tercera línea de aeródromos. Son los que se encuentran más alejados del frente y se sitúan en las comarcas de l'Alt Empordà, Pla de l'Estany y Gironès. Estos acogen los aviones bombarderos más pesados de que dispone el Ejército republicano. Son de origen ruso, como los Katiuska (Túpolev SB-2).

A Joan Colom le domina una certeza. Tendrá que vigilar aviones que despegarán hacia la batalla, pero lo hará desde tierra firme, alejado de las explosiones de las bombas. Servirá a la causa republicana desde la retaguardia y esperará a que el conflicto cese de una vez. Porque el final de la guerra se prevé desde hace tiempo. También tienen claro que, así que le sea posible, llamará por teléfono a Doña Concha y le insistirá en que lo reclamen de una vez, que su esposo, el teniente coronel Alfredo Semprún, interceda a su favor y entre los dos hagan lo posible para que regrese, como mínimo, a Barcelona. La noticia sobre su traslado al cuerpo de aviación ha sido tan inesperada que no ha podido ni despedirse del matrimonio que le ha acogido, ni tampoco del hijo de ambos, Alfredito. Pronto tendrá que desplazarse, pero lo hace con la esperanza de que un día la suerte dé un giro a su favor.

Sin que ningún mando les ordene que desciendan del camión ni trasladen el material que les rodea, se quedan allí otro buen rato. La única distracción que tienen es el despegue hacia el oeste de una escuadra de aviones Natachas cargados de bombas. En ese momento, llegan a la conclusión de que Sabadell solo es una parada provisional en su camino hacia otra parte. Luego les ordenan que bajen del vehículo y que se sienten en una de las instalaciones de ese campo de aviación. Allí pasan la noche esperando nuevas órdenes. Tampoco llegan durante el día siguiente, hasta que dos días después de su llegada, les ordenan subir de nuevo al camión, que reemprende la marcha hacia quién sabe dónde.

Después de pasar cerca de Granollers y Canovelles, cuando se encuentran próximos a la Ametlla del Vallès, el vehículo se desvía a la derecha. Pasa un control de acceso, y cincuenta metros más adelante, para el motor y ordenan a los soldados que desciendan. Acaban de llegar al campo de aviación de La Garriga, entre dos masías. Can Sorgues a la izquierda, y Can Riembau a la derecha. La primera desprende un fuerte olor a ganado y, la segunda, que parece más señorial, está ocupada por militares.

Moscas y Chatos

Aeródromo de La Garriga, diciembre de 1938

Apasionado por la aviación como símbolo de una nueva era, en 1933 Esteban Fernández Seynaeve, un argentino que representaba la marca automovilística Mercedes Benz y que estaba casado con la nieta del presidente de las Filipinas, compró la conocida como finca del Rectoret, en La Garriga, con el objetivo de convertirla en un campo de aviación particular. Tenía el respaldo del capital familiar y le movía el entusiasmo por los aeroplanos, sus exhibiciones aéreas y las carreras de vuelo. Entre los términos municipales de La Garriga y la Ametlla del Vallès ordenó la construcción de una pista de cuatrocientos metros de longitud por cien metros de ancho. Además, en dicho campo de aviación se levantó el chalet donde residía, una torre de control y un hangar en el que guardar su Caudron Luciole, un avión francés provisto de un motor Salmson de noventa y cinco caballos, en esos tiempos el más veloz de los aeroplanos que sobrevolaban Catalunya. En abril de 1933 se inauguró el Campo de aterrizaje privado de La Garriga y desde el día siguiente se convirtió en el escenario de las actividades aeronáuticas de Esteban Fernández. Un año después, en 1934, dicho aeródromo se incluyó en la red aérea de Catalunya como campo de aviación particular abierto al turismo aéreo y bajo la denominación de Aeródromo de Rosanes.

Cuando estalló la guerra, dos años después, el Comité de milicias antifascistas confiscó tanto la finca como el aeroplano de Esteban Fernández, y este tuvo que exiliarse apresuradamente a Francia. Poco después, un grupo de militares de las Fuerzas aéreas de la República se adueñó del aeródromo y de las masías adyacentes —Can Fernández, Can Sorgues, Can Riembau i Can Illa—, de modo que todo el conjunto se convirtió en un aeródromo militar al servicio del Ejército popular.

Las tareas de acondicionamiento —que consistieron en eliminar los cultivos existentes, allanar la superficie con grava y nivelar la pista— dieron comienzo en verano de 1937 y se prolongaron durante dos meses. Para dichos trabajos se obligó a trabajar a más de quinientos vecinos, entre otros a constructores y albañiles de diversos municipios de los alrededores como La Garriga, Les Franqueses del Vallès y la Ametlla del Vallès. Además de ampliar la pista también se construyeron, a base de pico y pala, los refugios antiaéreos, el puesto de vigilancia del campo, el cuartel, los polvorines, la garita del control de los accesos al campo y demás instalaciones básicas para el normal funcionamiento de la nueva instalación militar. A partir de ese momento, el campo de aviación de Rosanes se convirtió en la base aérea de una unidad gubernamental de bombarderos ligeros formada por tripulaciones españolas y aviones soviéticos obsoletos que realizaban misiones en frentes de guerra secundarios o que se encargaban de apoyar a los aeródromos que defendían la costa. El número 325 era el código militar del campo de Rosanes porque formaba parte de la tercera región aérea, de su segundo sector y, dentro de éste, del quinto campo.

Ese día de principios de diciembre de 1938, Joan Colom, entre los soldados que provienen de Barcelona, al descender del camión nota un aire helado en la cara procedente del norte. Se encuentran cansados y desorientados, y de repente les ordenan descargar el material e introducirlo en Can Riembau, la masía que se ha convertido en cuartel, y en la que se alojarán a partir de ese día. Después de darles la bienvenida en el patio de instrucción, dos sargentos los acompañan para que conozcan las distintas instalaciones del campo de aviación.

En primer lugar, la zona de servicios, donde se encuentra el comedor, un antiguo frontón ahora repleto de mesas y tablas para sentarse, entre la zona de cocina en la banda derecha y la sala de las duchas a la izquierda. También descubren las cocheras y los lavaderos. Después atraviesan una puerta coronada con la palabra *Comedor* y, siempre en formación, se dirigen a una de las entradas del refugio antiaéreo de Can Sorgues, el mayor de los que dispone el campo, con una capacidad para casi doscientas personas. Se introducen en él, y mientras recorren sus cuarenta y cinco metros y medio de longitud, uno de los sargentos les explica que dicho refugio es capaz de resistir el impacto directo de una bomba de doscientos cincuenta kilos. Joan Colom se estremece y teme el peligro que les puede caer del cielo en cualquier momento. Después, intenta pensar en otras cosas y se fija en la disposición de las piedras que forman el arco que les cubre en ese momento. También observa la construcción una vez en el exterior, delante de la losa de cemento.

A través del camino por el cual transitan de vez en cuando camiones y otros vehículos militares, se acercan ahora a la torre de control y a la casilla del informador del campo, quien anota en un cuaderno las horas de despegue y aterrizaje de los aviones. Al otro lado de dicha casilla se encuentra Ca l'Antoja, donde se alojan los oficiales del cuartel, y una barraca que hace las funciones de almacén. Los soldados se desplazan en dirección norte y es entonces cuando descubren, en medio de una débil niebla y escondidos debajo de algunos árboles, una escuadrilla de aviones Natacha. De acuerdo con una directiva republicana, están situados muy cerca de la pista grande, separados del resto de aviones y dispuestos en forma perimetral con el fin de evitar que, en caso de bombardeo enemigo, quede destruida la totalidad de la flota de aviones.

Desde allí, les explican que los campos de aviación republicanos no disponen de artillería antiaérea y al preguntar un soldado cómo pueden contrarrestar un ataque enemigo, el sargento añade que tienen siempre a su disposición un par de cazas en situación de alerta, con sus pilotos y personal técnico preparado para dicho ataque. *Además* —continúa explicando el sargento—, *también disponemos de distintos vigilantes colocados en observatorios naturales que dan la alerta con el tiempo suficiente ante la aproximación de cualquier bombardero enemigo.* La pista grande está orientada de norte a sur, tiene mil cien metros de longitud y una amplitud de cuatrocientos metros en el norte y trescientos metros en el sur. El campo también cuenta con una pista transversal auxiliar detrás de Can Sorgues, y en sus laterales se encuentran pequeñas galerías subterráneas, y cinco refugios antiaéreos más que protegen de la metralla enemiga al personal de pista y a los pilotos que acaban de aterrizar después de una persecución por las alturas.

La inspección de las instalaciones continúa cerca de un bosque próximo que esconde, dentro de unas cavidades ocultas por unas lonas, los polvorines y los depósitos de combustible y de aceite. Allí les indican que, dado que desde las cinco de la madrugada hasta el anochecer se producen continuos movimientos de aviones en el campo bajo una permanente vigilancia, su misión será el control y vigilancia de las instalaciones del campo durante las noches y por turnos. Luego se dirigen al polvorín cercano a Can Fernández. Se trata de un amplio y lujoso chalet convertido en la enfermería del campo. A los soldados les impresionan las formas singulares del edificio. Les cuentan que, igual que en Can Illa, en ese edificio se alojan también los oficiales de vuelo. Después regresan por la banda opuesta de la pista hasta Can Bosc, donde se haya otro polvorín con una entrada camuflada por piedras que se asemeja a una barraca de huerta. Bordean Can Sorgues y se encuentran con la garita de vigilancia y control de accesos. Se trata de una pequeña edificación de obra, de planta rectangular y provista de una aspillera en cada pared. En su interior, se encuentra un centinela armado que permanece impasible cuando los soldados se dirigen a Can Riembau. Es evidente que los antiguos propietarios de esa casa de tres plantas rodeada de vastos terrenos tuvieron que dejarlo todo de un día para otro. Lo que muchos no entienden es la razón por la que los propietarios de Can Sorgues, la otra casa majestuosa, continúan viviendo allí, como si nada. Mientras cenan, un mecánico que se sienta cerca de ellos les cuenta que los de Can Sorgues siguen allí porque en su momento convencieron a las autoridades militares de que el ganado que cuidaban se podía convertir en víveres inmejorables para los oficiales, para el cuerpo de aviadores, y para la tropa.

Joan Colom piensa que, mientras la línea del frente continúe lejos, solo tendrá que temer los ataques aéreos enemigos. En una de sus muchas guardias nocturnas, aprovecha para escribir de nuevo a su esposa.

La Garriga, 12 de diciembre de 1938

Querida esposa,

desearía que al recibir esta carta os encontraseis tan bien de salud como buena es la mía. Ahora me hallo en el campo de aviación de La Garriga, y mi cometido es guardar de noche los aviones de guerra. Yo que creía que no vería ni un aparato de estos, y ahora resulta que no me puedo alejar de ellos ni un momento.

El campo en el que me encuentro está situado a una hora de distancia de Granollers. Cada mañana parte un tren hacia Barcelona y llega otro procedente de esta ciudad. Aún no he visto a mi hermano Josep desde que fuimos a Capellades. Y es que, a causa de nuestra movilización, no nos conceden ningún permiso para salir. Hace ocho días que permanezco en este otro cuartel. Todos somos catalanes y nos llevamos muy bien. Aun así, en su día le comuniqué a Doña Concha que este destino no es de mi agrado y que quiero regresar a Barcelona, porque, aunque la comida no era tan buena como aquí, allí me sentía más acompañado y tenía más facilidades para enviar y recibir cartas y paquetes. Hace tres días, la llamé para preguntarle cómo estaba el tema de poder trasladarme de nuevo y ella me respondió que todo estaba solucionado, por lo que estoy convencido de que enseguida volveré a Barcelona y, cuando lo haga, te lo comunicaré inmediatamente. En La Garriga no me falta de nada. La comida es muy rica, pero, insisto, quiero regresar a Barcelona, donde lo tenía todo. Aquí me falta tabaco y un calzado más adecuado para pisar el barro, porque el campo está lleno. De momento no hace mucho frío, porque hemos tenido días de lluvia. Ahora mismo, mientras te escribo esta carta, llevo puesta la correa y, con el fusil a mi lado, aprovecho un momento de tranquilidad para dirigirme a vosotros, ya que no siempre me es posible. Piensa que cuando coméis, cenáis o dormís, yo hago guardia. De hecho, empiezo el servicio a las nueve de la mañana hasta las doce, que es cuando me relevan, y estoy de vuelta a las cinco de la tarde hasta las nueve de la noche. Entonces me acuesto hasta las cinco de la madrugada, que es cuando vuelvo a entrar en servicio hasta las siete. Ya ves que hago ocho horas de servicio y solo puedo descansar seis horas.

Deseo veros, y es que me parece que hace un siglo que me alejé de vosotros. Tengo ganas de saber de vosotros, porque es lo único que de verdad me interesa de este mundo. Cuéntale al pequeño Joan que toco con mis manos los aviones. Moscas, chatos *y bombarderos. Seguro que le encantaría verlos y que le faltarían ojos para mirarlos. En cuanto a mí, no sé ni cómo decírtelo, teniendo en cuenta que tenemos hijos... Diles a Nuri y a Laura que cuando me escriban que me cuenten muchas cosas, que es lo único que pueden hacer ellas. Si queréis escribirme, hacedlo cuanto antes mejor. La mayor parte del tiempo permanecemos encerrados y lo invertimos asando bellotas, que hay muchas y están riquísimas. He conocido a un soldado de La Garriga que me ha ofrecido su casa para lo que disponga, incluso si quiero que duerma en su casa alguien de mi familia. Lo que necesito urgentemente es el calzado apto para pisar el barro del campo. También hilo de coser, aguja y tijeras, además de tabaco y papel de fumar. ¿Cómo se encuentra mi madre? Dile que yo estoy bien de salud y que no se intranquilice por mí, ya que por ahora no nos queda otra que aceptar la situación en la que nos encontramos y las que puedan llegar a partir de ahora.*

Te aseguro que deseo que llegue ya la noticia del fin de la guerra. Mientras no llegue, y si a ti no te es posible venir a verme, tendrán que pasar días hasta que podamos abrazarnos. Lo siento, pero yo no me atrevo a ir. Lo que necesito urgentemente, mándalo a casa de Conchita y, en cuanto pueda, lo recogeré.

Explícale a tu madre que estoy en un campo de aviación tan grande como todo Capellades, repleto de hierba que sería una delicia para los conejos y que aquí no sirve para nada. Seguro que a ella le encantarían las montañas que me rodean.

Y a ti, esposa mía, quisiera decirte tantas cosas, que no sé ni por dónde empezar. Te aseguro que empiezo a sufrir los efectos de la guerra. Y es que me siento muy solo. Te lo digo de verdad yo, que sabes cómo me gusta la soledad dentro de la familia y que me alegra tanto teneros junto a mí. ¡He llegado a maldecir esta estúpida guerra, tantas veces! ¡Tanto que nos queremos y que nos haya podido separar de esta manera tan cruel! Pero, ante todo, has de tener la fortaleza y la serenidad necesarias hasta que todo acabe y entonces nos reencontraremos, y te prometo que nunca más nos separaremos. Es lo que desea tu esposo que tanto te

*quiere. Dales muchos besos a nuestros hijos y que se porten bien,
y te ayuden en todo lo necesario.*

Joan

Una vez leída la carta, Teresa llama a los pequeños para que se acerquen a la chimenea y les pide que observen el mapa de Catalunya que está encima. Desde allí les explica que su padre se encuentra en un campo de aviación militar de una población llamada La Garriga y señala la zona situada entre Granollers y Vic. Laura comenta que si se ha alejado tanto de Barcelona ya podía haber venido a Capellades. El pequeño Joan añade que desde su pueblo solo se divisan los aviones que les obligan a bajar apresuradamente a los sótanos. Teresa hace todo lo posible para que sus hijos no intuyan la tristeza que le embarga cuando piensa por lo que tiene que pasar su marido, y los nulos resultados que han tenido las gestiones de Doña Concha, la mujer del militar republicano. Pero, ante el inminente avance de las tropas franquistas por Catalunya, incluso es mejor que Joan no se halle en Barcelona, porque todo hace prever que en esa ciudad los enfrentamientos pueden ser muy violentos. También está dispuesta a visitarlo.

Unos días después, gracias a la buena disposición para llevarla en su camión por parte de un transportista de Capellades que cubre la ruta hacia Granollers, Teresa consigue desplazarse hasta La Garriga. Al reencontrarse, después de tantos días separados y de tantos miedos compartidos en la distancia, se funde en un abrazo eterno con Joan, al margen de guerras y de alejamientos obligados. No les permiten compartir mucho tiempo, pero lo aprovechan al máximo para ponerse al día de todo. Del día a día de los hijos, del estado en el que se encuentran las madres respectivas, de la intranquilidad que invade el pueblo, y de las malas noticias que llegan a diario del frente. Antes de separarse, Teresa le jura que, si no lo trasladan de nuevo a Barcelona, volverá a La Garriga las veces que sean necesarias, gracias al camionero que se ha brindado a traerla siempre que lo requiera. Joan le aconseja que tenga mucho cuidado, porque cada vez es más grande la amenaza de los bombarderos enemigos y no es muy seguro moverse por el territorio. También le sugiere que recoja todas las bellotas que pueda de las encinas cercanas, porque hay muchas y son riquísimas una vez asadas. Antes de regresar a Capellades, Teresa llena la funda de la almohada con la que ha traído todo el material que Joan le solicitó por carta.

Durante esa noche, mientras Joan Colom está de guardia entre una niebla persistente junto a los aviones Natachas cubiertos por lonas, no deja de pensar en Teresa, en los hijos, y en la pesadilla que la guerra supone para todos. Cuando habló por teléfono con Doña Concha, ella le aseguró que todo estaba resuelto y que no tardarían en reclamarlo para regresar a Barcelona. No obstante, pasan los días y las semanas, y no llega ninguna notificación a su favor. De Doña Concha, no, pero sí de su esposa, que le escribe a menudo. Cuando el soldado encargado de repartir el correo pronuncia su nombre, nota como el amor de su familia llena su corazón. Por eso, abre la carta apresuradamente y, cuando descubre que contiene dibujos de sus hijos, le embarga una emoción de tal magnitud que, a menudo, tiene que sentarse en un rincón para no perder el equilibrio.

Diciembre avanza, el frío crece, y los ánimos de los oficiales están cada vez más agitados. Después de unos días de tranquilidad aérea, el día 21 se pone en marcha una nueva operación militar. Desde uno de los polvorines, Joan Colom observa el ajetreo entre los aviones. Se llenan los depósitos, se engrasan las distintas partes de los Natachas y cargan ocho bombas en cada uno. Los camiones que los preparan conectan los sistemas de arranque Hucks Starter y los pilotos, apoyados en los aviones, repasan con atención los mapas con las rutas de vuelo. Hasta que llega la hora señalada. Las dos del mediodía, que también marca el reloj de Joan. Los nueve aviones Natachas despegan, uno tras otro, y en el aire coinciden con los veinticinco Chatos que les protegerán hasta su destino, el frente de Tremp, donde tienen la misión de bombardear las líneas enemigas.

Durante la madrugada del 23 de diciembre, da comienzo la ofensiva final del ejército rebelde hacia el resto de Catalunya. Franco está convencido de que ha llegado el momento idóneo para adueñarse de esa parte de la Península. Incluso hace caso omiso a las demandas del Papa Pío XI, quien, desde Roma, ha hecho un llamamiento a los combatientes de la guerra para que respeten la tregua navideña. La noticia de la ofensiva enemiga llega a todos los puntos de la retaguardia republicana, y en el campo de aviación de La Garriga se prepara una nueva operación aérea que tiene por objeto frenar el avance de las tropas enemigas.

Tras otra noche de guardia, Joan Colom coincide con un soldado en la sala de las duchas. Está sentado en el banco de espera y llora desconsolado. Teme a la muerte y teme lo que pueda acontecer cuando llegue el ejército rebelde. Tiene la sensación de estar atrapado por un destino adverso y está cabizbajo. El soldado llora. Joan Colom quiere consolarlo y también llora. En una noche tan especial como aquélla, desearía encontrarse en casa, cerca de los suyos, abrazados ante las llamas de la chimenea. Al final, los dos soldados se secan las lágrimas y abandonan la sala.

Cerca de los aviones vuelve el ajetreo. De nuevo, se preparan los aviones Natachas, con más bombas y la misión de lanzarlas en esa ocasión sobre el frente de Balaguer. Los camiones de arranque encienden los motores de los aviones y, a las dos del mediodía, el primer Natacha abre la manilla del gas y toma el cielo. Detrás le siguen el resto de la escuadrilla. Joan Colom alza la mirada y descubre cómo en el aire se colocan de tres en tres y se alejan en forma de flecha. Se dirigen a un espacio aéreo en el que esa misma mañana los enemigos han derribado cinco Chatos republicanos. Cuando llegan a Balaguer, les sorprende la artillería antiaérea. Intentan esquivarla, pero en ese momento, desde el cielo, descienden muchos cazas enemigos que empiezan a dispararlos. La desbandada es absoluta. Abaten cinco Natachas y otros pilotos se ven obligados a saltar en paracaídas. Incluso el viento les es desfavorable y los aproxima al campo enemigo, donde se convierten en prisioneros. Una hora y media después, de los nueve bombarderos republicanos que partieron solo regresan tres. Dos aterrizan en el campo de La Garriga, y el tercero lo hace en Vic.

Tras dicha derrota, se disuelve la escuadrilla de Natachas y la tristeza se extiende por el aeródromo. En Can Illa hay una mesa preparada para la celebración de la Navidad, que queda intacta. El desánimo invade la zona de los dormitorios de la tropa, y el campo de aviación pasa a disponer tan solo de cinco aviones operativos, una evidencia que anuncia el cese de sus actividades militares.

Esa Nochebuena es también infinitamente triste en la calle Anselm Clavé de Capellades. Teresa y sus tres hijos se reúnen cerca de la chimenea de casa de los abuelos junto con Roser, Paquita y Aurora. Los pequeños se entretienen asando las bellotas que Teresa ha traído de La Garriga, pero las ausencias de Joan y de Josep en una noche tan singular pesa como una auténtica losa en los corazones de sus esposas.

Ante el avance de los franquistas por Catalunya, tienen los peores presagios y les domina un gran desconcierto. Teresa expresa su voluntad de reunirse de nuevo con Joan, pero Paquita intenta quitarle esta idea de la cabeza porque, tal y como están las cosas, lo considera una auténtica temeridad. Al día siguiente, el ejército rebelde continua la invasión de Catalunya con su máximo potencial armamentístico, mientras que el Ejército republicano, que sufre una evidente desproporción de efectivos humanos y bélicos, y una desmoralización que no para de aumentar, solo puede mantener unos puntos aislados de resistencia que dificultan muy parcialmente el avance enemigo. El frente de guerra varía a diario, y ahora el campo de aviación de La Garriga se convierte únicamente en una base de paso para otros aviones republicanos. Después de Navidad, lo poco que queda de lo que en su día fue una escuadrilla de Natachas despega en dirección a Andorra. Su objetivo ya no es combatir, sino dejarse ver con el fin de elevar la muy diezmada moral de las tropas que intentan frenar el ataque franquista. Una vez realizado este último servicio, los comandantes del campo de La Garriga llegan a la conclusión de que de nada servirá volver a formar una escuadrilla, y toman la decisión de enviar los pocos aviones que les quedan y la tropa al campo de aviación de Sant Julià de Vilatorta. Será el nuevo destino de Joan Colom.

Una niebla constante

El primer día de 1939 Joan Colom vuelve a ser movilizado. Primero los conducen hacia Tona, donde pasan la noche, y al día siguiente los trasladan a un campo de aviación situado cerca de Sant Julià de Vilatorta. Al poco de instalarse, relata estos hechos en una carta que escribe en castellano y que envía a su hermano Josep.

> *Vilatorta, 5 enero 1939*
>
> *Querido hermano, hasta la fecha estoy sin novedad, como deseo para ti y demás. Después de pasar por mil traslados con la cama, el colchón, maletas y demás trastos, encima de camiones y viajar siempre de noche, hemos llegado a este pueblo que se llama San Julián de Vilatorta, o sea unos quilómetros más lejos de Vic, en un campo de aviación.*

En el verano de 1938, las Fuerzas aéreas de la República instalaron un aeródromo en los denominados Plans de la Quintana de Sant Julià de Vilatorta con el objetivo de frenar futuros ataques enemigos durante la más que previsible ocupación de Catalunya por el ejército de Franco. El enclave escogido, que se encontraba entre las localidades de Santa Eugènia de Berga, Sant Julià de Vilatorta, Vilalleons y Calldetenes, reunía unas óptimas condiciones geoestratégicas. La instalación militar recibió el nombre de Aeródromo Vilatorta y, antes de finales de ese año, ya era operativa. Estaba rodeada por las masías de la Carrera, el Casal, la Riereta, el Llopart, el Omeda, el Aymerich, la Sauleda, la Font del Vern y el Altarriba, la mayoría de las cuales quedaron confiscadas al inicio de la guerra. La construcción de dicho aeródromo se inició el 1 de junio y contó con la participación de casi novecientas personas, que fueron contratadas para dichos trabajos. Entre otras curiosidades, si los trabajadores destinaban su propio caballo o mula para la construcción, se les doblaba el salario. Además de las masías, que fueron confiscadas para el uso personal del cuerpo de aviadores, dos años antes, el 4 de noviembre de 1936, se confiscó igualmente el Castillo de Saladeures, un enclave estratégico de la zona rodeado por un bosque de robles, muy cerca del campo de aviación y situado dentro del término de Santa Eugenia de Berga. Dicho castillo fue construido entre 1930 y 1934 en el mismo enclave en el que se alzaba una torre medieval de estilo románico documentada ya en el año 937, y que se hundió a causa de las obras de fortificación y construcción de un búnker en su base. Una vez confiscado el castillo, estuvo a disposición del gobierno de la República, de manera que, durante la guerra, fue frecuentado por los presidentes Juan Negrín y Manuel Azaña y por los ministros Indalecio Prieto y Dolores Ibárruri. Precisamente fue desde allí donde, en verano de 1938, Manuel Azaña llevó a cabo las negociaciones para un acuerdo de paz con el bando franquista y con la mediación del gobierno británico con la intención de poner fin a la guerra.

Después de la derrota de la Batalla del Ebro y de la pérdida de los aeródromos de la comarca del Penedès, el campo de aviación de Vilatorta se ha convertido en una de las bases militares republicanas encargadas de frenar los ataques aéreos que recibe la ciudad de Barcelona. El aeródromo está ubicado en el oeste de la carretera de Sant Julià de Vilatorta a Vilalleons. Presenta una forma trapezoidal, su pista está orientada en dirección norte-sur, tiene un kilómetro de longitud y llega a los cuatrocientos metros de ancho a la mitad, y a los trescientos metros en los dos extremos. Por otra parte, en los seis edificios que lo rodean se ubican todas las instalaciones del aeródromo. En el sur se encuentra el Mas del Llopart, que realiza diversas funciones. Sirve como dependencia del comando del campo y como lugar desde donde el Estado Mayor del cuerpo de aviación dirige las operaciones aéreas. Sus cuadras, una vez acondicionadas, se han convertido en los comedores, dormitorios y aseos de la tropa. En esta misma masía se halla el refugio antiaéreo mayor del campo. Su puerta de acceso da pie a diez escalones en un primer descenso, y once más a continuación, que conducen hasta una escalera de caracol, que contiene diecisiete peldaños más. Después se encuentra un pasillo que zigzaguea a trece metros de profundidad y a lo largo de cuarenta siete metros. Delante de la salida del refugio y al otro lado del torrente, se encuentra el polvorín excavado y construido en su totalidad a base de hormigón con media vuelta. En la parte norte del campo se halla la masía del Altarriba, en la cara oeste las masías de la Riereta y la Carrera, cerca de las que se han levantado los hangares donde se procede al montaje de los aviones y desde las que salen unos pequeños caminos que conducen a la pista. En la cara oeste se encuentra el Castillo de Saladeures, con el búnquer y unos cuantos puestos de vigilancia y el Omeda, que está también al servicio del cuerpo de aviación y que en su parte posterior y adentrados en el bosque esconde los depósitos de combustible.

Una vez más con el temor que el ejército enemigo se haga presente en cualquier momento por tierra o por aire, Joan Colom recibe la orden de vigilar los aviones durante las heladas noches y, más aún, porque se encuentra más al norte, porque el frío invierno avanza al margen del conflicto bélico, y porque los cubre una niebla constante. En la carta a su hermano añade más detalles de su situación.

> *Tú no puedes figurarte el frío que estoy pasando. Aquí todos los días la neblina no se mueve de encima siendo así que el sol no aparece en todo el día. Las tierras están peladas continuamente y ya puedes figurarte cómo las tenemos que pasar al hacer las guardias al raso. Yo resisto hasta que me llega la hora de dormirme. Te encargo que digas a Doña Concha y a Don Alfredo que hagan los posibles para sacarme de este infierno. Creo que no habiendo perdido la filiación de donde salí, o sea de Horta, ellos encontrarán un amigo que me reclame para aquí en Barcelona.*
>
> *A mí no importaría qué trabajo, lo mismo me da barrer que escribir, tan solo sea salir de tan lejos y tan frío, y sobre todo sentiría mucho que debido al clima tuviera que estar enfermo tan lejos de todos. Por conducto de mi esposa supe que tuviste un permiso para 4 días y que te fuiste a casa. Tuve mucha satisfacción pensar que verías nuestra querida madre, a tu esposa e hija como también a mis hijos, en fin, que podrías*

dar un repaso general en todo lo que a nosotros nos afecta. Tan pronto llegué aquí escribí a mi esposa dándole cuenta de mi traslado.

Sin más hasta la otra darás recuerdos a Don Alfredo, Doña Concha, a Alfredito, que ya debe tener una escultura hecha con la afición que tenía en las construcciones de barcos como también a las damas de la casa y tu recibe el abrazo de tu hermano.

Joan

Le domina el desánimo, y, aun así, no pierde la esperanza de que en cualquier momento le sonreirá la suerte que tanto se le resiste y podrá regresar a Barcelona. Tal como le ha explicado a su hermano, tan pronto como llegó a Vilatorta, escribió una carta para su esposa donde le expresaba a ésta su desconcierto y también sus anhelos de salir de allí.

Vilatorta, 2 gener 1939

Querida esposa, hasta el momento estoy bien de salud, como deseo para todos vosotros.

Aun no puedo asegurarte cuánto tiempo estaré aquí. En tu última visita a La Garriga me llevaste la ropa necesaria para hacer frente al invierno, de modo que tendré que pasarlo así, esperando que algún día todo esto cambiará a nuestro favor. Ya me perdonaréis que tarde tanto en contestar tus cartas, pero hazte a la idea de que con tantos traslados no hemos tenido tiempo ni para descansar. Viajamos de noche, y en cuanto llegamos al nuevo campo de aviación nos obligaron a hacer guardia de los aviones. No me escribas ninguna carta hasta que no sepamos el lugar exacto donde estaré. ¡Tengo tantas cosas para deciros! Pero lo que quiero subrayaros es que, aunque me encuentre tan lejos de vosotros, mi deseo es que estéis bien y que mantengáis la tranquilidad, que todo llegará. Muchos besos para los peques Nuri, Joan y Laura. Diles que me encantaron sus dibujos y me hicieron muy feliz, igual que todas las cosas que me llegan de vosotros. Muchos recuerdos a mi madre y también para tu familia y para las chicas que tienes de aprendices de costura. Y tú, Teresa, ten la seguridad del afecto que te guarda tu esposo.

Joan

Las tropas de Franco continúan asediando el territorio gracias a una evidente superioridad aérea y de artillería que facilita su avance imparable. Tan solo unos escasos batallones de soldados republicanos, muchos de ellos recién movilizados, intentan frenar a los enemigos, pero sin el material necesario, con la moral bajo mínimos, y después de sufrir incontables bajas en el cuerpo de oficiales.

El repliegue de posiciones republicanas es continuo y lleva consigo el abandono de muchos campos de aviación, los más cercanos al frente de guerra. En el aeródromo de Vilatorta toman tierra cazas rusos, Moscas y Chatos. Y durante esos días se convierte en una base aérea al servicio de la retirada en la que se viven momentos de gran miedo y nerviosismo.

Lo mismo sucede en Capellades ante la inminente llegada de las tropas que apoyan a Franco. Después de que haya leído la carta de su esposo y con los ojos llenos de lágrimas, Teresa vuelve a convocar a sus tres hijos cerca de la chimenea y frente al mapa de Catalunya. Desde allí, les cuenta que el padre de los tres se halla cerca de Vic y les señala el paradero exacto llamado Vilatorta. Los pequeños no entienden por qué motivo no regresa de una vez y por qué se aleja cada vez más de su casa. De repente, suena la alarma de bombardeo y los cuatro bajan deprisa al sótano. Nuri, Joan y Laura se colocan un pequeño palito de madera entre los dientes con la mirada fijada en la bóveda de piedra que los cubre. Les espanta también quedarse sin suministro eléctrico y la posibilidad de caer en el pozo de agua si esto ocurre. Poco después, ven que Paquita y su hija Aurora cruzan la puerta que comunica subterráneamente las dos casas.

Uno de los pilotos enemigos más torpes, en el intento de hacer volar por los aires la vía del tren que une la ciudad de Igualada con Barcelona, un poco más y sepulta para siempre el futuro de los habitantes de Cal Farreras, una casa situada en la Torre Baixa. Solamente ha recibido el impacto de una de las bombas lanzadas, pero ahora tendrán que reconstruirla, y eso que se encuentra a más de cien metros de distancia de la vía férrea. El conflicto bélico da sus últimos coletazos y en el pueblo ya no queda ni un solo albañil.

El presidente de la República convoca una reunión de todos los secretarios de Defensa y les comunica la urgencia de evacuar lo antes posible los organismos de Barcelona. Aún se esperan los últimos envíos de armamento procedentes de Rusia, retenidos en Portbou, y mientras se toma la determinación de reforzar la defensa en el frente de Calaf, Igualada, Vilafranca del Penedès y Vilanova i la Geltrú.

En el Ayuntamiento de Capellades, el viernes 20 de enero, el alcalde republicano firma por última vez el libro de cuentas ordinario. Ante una nueva amenaza de bombardeo, diversos vecinos corren asustados hacia las cuevas del Capelló con la esperanza de que, si han aguantado desde el Paleolítico, es porque son más seguras que las casas. También son muchos los que pasan largos ratos con las orejas pegadas a las radios con la intención de no perderse detalle de los sucesos más inmediatos, aunque sea entre continuos cortes de emisión. Ese mismo día, una división del ejército franquista está a punto de entrar en Calaf, al norte de la comarca. Luego se encaminan hacia Manresa. Y otra división se acerca cada vez más a Igualada. Con el fin de obstaculizar dichos avances y en su apresurada retirada, algunos soldados republicanos hacen saltar por los aires diversos puentes sobre el río Anoia, además de otros puntos estratégicos. En Capellades provocan cuatro explosiones nocturnas que retumban en los oídos de sus habitantes. Una, en una alcantarilla de Camaró, otra también en una cloaca de la Costa de les Creus. Una tercera, de mayor magnitud, en una de las naves de la fábrica textil Guasch, que se dedicaba a la confección de pañuelos antes de ser colectivizada cuando estalló la guerra. Y, finalmente, una última explosión que derriba el puente de acceso a la estación del ferrocarril.

En el aeródromo de Vilatorta, Joan Colom está cada vez más asustado. Le llegan noticias del imparable avance de los franquistas por Catalunya y teme por los suyos. Más aún cuando recuerda la filiación política de su hermano Josep, exalcalde de la población bajo las siglas de Esquerra Republicana. Ante sus ojos despegan escuadrillas de Moscas y Chatos con la misión de frenar los ataques sobre la capital catalana y de bombardear las líneas enemigas situadas en el frente de Calaf. Parten del campo de aviación más de veinte y, una vez más, solo regresan unos pocos. A pesar de ello, en los hangares no cesa el montaje de nuevos aviones. En esos días, aeródromos como el que acoge a Joan Colom, están cada vez más próximos al frente de guerra.

El 22 de enero brilla un sol radiante en Capellades y la temperatura es extrañamente suave. Los almendros ya han empezado a florecer, y las calles del pueblo se llenan de soldados que hablan italiano y que enarbolan una bandera que muchos desconocen, de líneas rojas y amarillas. Muchos vecinos les espían desde detrás de las ventanas con el miedo instalado en sus miradas. Un grupo de soldados llama a una de las puertas y se quedan quietos hasta que se abre lentamente y aparece una vecina temerosa a la que ordenan que llene de vino sus cantimploras. Ese mismo día, las tropas invasoras llegan a Igualada.

Ante la inminente entrada de las tropas de Franco en Barcelona, por la ciudad circulan camino del exilio un gran número de coches, camiones y carros repletos de colchones, sillas, mesitas de noche y gallineros. A menudo tienen que esquivar las hogueras que, en mitad de las calles, destruyen montones de documentos de oficinas públicas. Los barceloneses comparten el pánico, la tristeza y la sensación de que el mundo que les cobijaba hasta ese momento tiene las horas contadas, por lo que solo les queda la lucha por proteger sus vidas. Se asaltan almacenes de víveres, se oyen gritos desesperados. Unos huyen apresados, otros deciden refugiarse dentro de sus casas, y otros levantan desesperadamente barricadas. Al amanecer del 26 de enero, diversas unidades militares franquistas ocupan la ciudad rápidamente. Sobre todo, los lugares más emblemáticos como la Plaza Catalunya. La Nueva España, que es como la denominan las nuevas autoridades, se impone a una Catalunya vencida que se retira hacia la frontera francesa. Los gobiernos de la República y de la Generalitat se instalan en la comarca del Alt Empordà. Y, entre Barcelona y dicha frontera, son miles las personas que marchan muy a menudo sorteando la lluvia de bombas que les envía la aviación enemiga.

El avance de las tropas invasoras se dirige ahora hacia el norte. Los últimos aviones que aún quedaban en el aeródromo de La Garriga se desplazan hacia las comarcas de Osona y el Gironès. Las tropas republicanas en retirada continúan dinamitando puentes, y el caos de muchas poblaciones es el más propicio para los saqueos descontrolados. En vista de esta situación límite, el Ejército republicano se plantea la rendición incondicional e inmediata con el fin de que no se acreciente inútilmente el número de víctimas, pero la idea no prospera. Al contrario, se toma la decisión de reforzar un triángulo de defensa entre Girona, Figueras y Olot. Pero resulta inviable. El caos en Girona es absoluto como consecuencia de la alta concentración de refugiados y de la falta de un mando que organice la defensa de la ciudad.

Desde que las tropas franquistas han entrado en Capellades, un silencio tenso se adueña del pueblo. Diversos emboscados que, en su momento, hicieron caso omiso de la llamada a su movilización y decidieron esconderse antes de responder a dicho llamamiento, salen de sus escondrijos y regresan a sus casas. En muchos hogares se lamenta la ausencia de los desplazados por culpa de la guerra y se teme lo peor por sus vidas. Igualmente, se vive con temor el hecho de que, antes de su retirada, los republicanos destruyeron una parte de la fábrica Guasch, donde trabajaban muchos vecinos, que ahora tienen un futuro laboral muy incierto. En muchas huertas, y mezclados con malas hierbas, se queman todos los documentos que podrían comprometer a más de uno. Además de los silencios que se imponen, también se cruzan acusaciones entre los vecinos. Se remueve el contenido de muchos armarios del ayuntamiento, se vacían cajones, y se interroga a los antiguos trabajadores del consistorio.

Una vez conquistadas las localidades, los jefes militares nombran a los responsables de las nuevas administraciones locales. El mismo 26 de enero, se celebra una reunión en el consistorio presidida por el teniente Don Matías Soto Calzada. Dicho militar ha convocado a los nuevos responsables políticos de una población que se considera "liberada por el victorioso Ejército Nacional". El acto oficial tiene lugar al día siguiente. A las tres y veinte minutos de la tarde del 27 de enero de 1939 se constituye el nuevo Ayuntamiento de Capellades. Don Ildefonso Salazar y del Hoyo, "alférez honorífico del Cuerpo Jurídico Militar", nombra, en representación del "Excelentísimo Señor General Jefe del Cuerpo del Ejército del Norte", al señor Martín Baliellas Vilá como nuevo alcalde de Capellades de manera provisional y hasta que las autoridades superiores acuerden el carácter definitivo del cargo. En el documento oficial que se expide a tal efecto, se subraya la obligación de mantenerse fielmente en el cargo "con celo y austeridad". Asimismo, se designa a los nuevos concejales y al secretario municipal. Todos firman un documento "después de quedar enterados de su contenido, aceptando y agradeciendo su designación para cooperar con el mayor entusiasmo al resurgir de España". La depuración de la realidad del pueblo también afecta a lo religioso. Se hace un llamamiento para que los niños que, desde 1936 no han sido bautizados, sean conducidos hasta la iglesia con el fin de recibir este sacramento. Una vez los llevan sus padres, son bautizados por Don Rubino, un cura italiano perteneciente a la Brigada mixta italiana, conocida con el nombre de Flechas negras. Una vez bautizados, los padres reciben el correspondiente certificado que acredita oficialmente el nombre del niño y que se acompaña de dos sellos oficiales. Uno corresponde al Comando divisione Frecce nere y el segundo al Ayuntamiento constitucional de Capellades, que ha sustituido el escudo republicano por un símbolo religioso que representa un Santo cristo. La administración obligada de este sacramento se convierte en un acto de afirmación política. Igualmente, se ordena a los obreros de la población que se dirijan a la parte destruida de la fábrica Guasch para llevar a cabo su reconstrucción y muchos acuden a la cita, más que por convicción, por miedo a las represalias que pudiera tener su negativa. Teresa, la esposa de Joan Colom, llega a la conclusión de que su marido, dado su oficio de albañil, les ayudaría de la mejor manera.

El 31 de enero, en mitad de un temporal de nieve y lluvia, la división franquista procedente de Manresa provoca una nueva retirada del diezmado ejército republicano hasta las proximidades de Vic y al día siguiente ocupa también esta ciudad. Otro cuerpo del ejército de Franco acaba de ocupar La Garriga y avanza también en dirección norte.

En el aeródromo de Vilatorta, bajo el sonido incesante de los bombarderos enemigos, se viven momentos de auténtico pánico. Los militares que aún continúan allí tienen la sensación de que está a punto de caerles encima un alud de tan grandes dimensiones que no saben cómo acabarán. Joan Colom vuelve a estar muy intranquilo. Tras su conquista de Vic, los franquistas avanzan hacia las poblaciones cercanas. El 2 de febrero entran en Sant Julià de Vilatorta y, entre otros, convierten en prisioneros a los soldados de las unidades del cuerpo de aviación. La ocupación ha sido pacífica, sin resistencia alguna ni el uso de armas.

Después de casi cuatro meses en la retaguardia republicana, Joan Colom se convierte en prisionero de Franco. No ha ido nunca a combatir en el frente de guerra. Ha sido la misma línea del frente la que se ha ido acercando a él. No ha sido necesario ningún bombardeo preventivo para allanar el terreno de la conquista. Su tropa ha perdido la posición sin la más mínima apariencia de guerra, como si se hubiese tratado de un pacto entre las dos partes enfrentadas. Los enemigos que ha temido durante tantas noches de guardia únicamente les han chillado, les han apuntado con sus fusiles, les han obligado a levantar sus brazos y los han reunido en un espacio reducido. Nada más. Pero bajo el intenso frío de ese inicio de febrero. Ha pasado, casi sin darse cuenta, a la España que denominan liberada. No han servido para nada los refugios antiaéreos, y solo les quedaban cuatro aviones en el aeródromo. Sin duda alguna, la guerra se encuentra ya en su recta final. Una guerra que ya estaba perdida mucho antes de que movilizaran a Joan Colom.

Cerca de allí, continua el éxodo hacia Francia. La escapada de autoridades políticas que huyen de prisa, de soldados que intentan alejarse de la línea de fuego que se acerca, mientras priorizan la supervivencia y la ansiada libertad en tierras francesas. Y el éxodo también de hileras interminables de numerosos civiles que huyen aterrorizados, hambrientos y sedientos. Son más de medio millón de rostros desencajados por el frío y el desánimo los que recorren a pie las carreteras por las que circulan también un gran número de camiones, algunos de los cuales han sido enviados por el propio gobierno republicano para salvar diversos materiales, obras de arte y otros objetos.

Ese día es gélido en Sant Julià de Vilatorta, y Joan Colom, junto con los demás prisioneros, tiene que aguardar inmóvil bajo el temporal de nieve. Durante horas lo único que no se detiene es el reloj que siempre le acompaña. En la amarga espera, piensa en los suyos y desea que se encuentren bien más que nunca. Sufre por Teresa, por los niños y por su madre, que ya es muy mayor para soportar tantas angustias.

En el momento en que los soldados republicanos caen en manos de las tropas franquistas, se les aplica un protocolo que los deriva a un campo de concentración de prisioneros. Una vez allí, esperan la llegada de los respectivos avales con los cuales se concreta su clasificación. Antes pasan por distintos recintos provisionales. En primer lugar, los llevan a unos centros que dependen de las llamadas unidades nacionales operativas en la zona donde se les desarma y se les confisca su documentación personal. Después, son clasificados según los rangos de oficial y soldado, se les registra en función de la unidad militar republicana de procedencia, y son interrogados con el propósito de sonsacarles la información relativa al actual despliegue del Ejército republicano en el territorio. Toda la documentación requisada se guarda en unos sobres de identificación que son enviados al siguiente recinto de concentración en el que también ellos esperan durante varios días. Allí, son sometidos a un segundo interrogatorio que tiene por objeto determinar la implicación que los prisioneros tuvieron durante los saqueos, detenciones, colectivizaciones y lo que califican como "otros desmanes" que se llevaron a cabo al inicio de la guerra. Asimismo, se les interroga acerca de los nombres, apellidos, sobrenombres y antecedentes sociopolíticos de las autoridades republicanas, de los ayuntamientos y comités de los que habían ingresado como voluntarios en las conocidas como milicias rojas, de los comandos militares y, por último, de los propagandistas rojos. Dichos cuestionarios se agrupan por localidad y provincia de residencia de los capturados con el fin de enviarlos a las respectivas nuevas autoridades de cada población una vez liberado el territorio.

Los prisioneros que así lo deseen, pueden elevar los rumores que comparten a la categoría de acusaciones oficiales y pueden facilitar las direcciones de los dirigentes republicanos para que puedan llevarse a cabo sus detenciones. Se trata de auténticos informes fiscalizadores que se convierten en moneda de cambio para los prisioneros que deciden colaborar con sus captores para conseguir beneficios. Cuando ya no disponen de más información de utilidad para el ejército franquista, los prisioneros son trasladados a los campos de concentración a la espera de los respectivos avales que, si no son negativos, podrían concederles la libertad.

En Capellades, el nuevo ayuntamiento franquista continúa transformándolo todo. También los nombres de las calles y de las plazas que aún rinden tributo a hechos y personas relacionados con lo que hasta ese momento se consideran referentes revolucionarios posteriores al 14 de abril de 1931 y, sobre todo, a partir de julio de 1936. El requisito obligatorio es la redacción de los nuevos carteles en lengua castellana, entonces la única considerada oficial. Las nuevas denominaciones pretenden consolidar nuevos espacios de memoria colectiva. Sobre todo, España y el Generalísimo. Del mismo modo, se significan oficialmente las figuras políticas de la denominada causa nacional y de los militares que destacaron en el llamado alzamiento. Durante la sesión extraordinaria del pleno del ayuntamiento, que se celebra el 31 de enero de 1939, se fija el nuevo nomenclátor. Entre otros cambios, la plaza Guimerà, muy cerca de la casa de Joan Colom, se convierte en la plaza Calvo Sotelo. La calle Anselm Clavé, desde la que Teresa y sus tres hijos esperan la llegada de Joan Colom, pasa ahora a denominarse calle Nueva. Por su parte, la calle Prat de la Riba, que rendía homenaje al político catalán que fue presidente de la Diputación de Barcelona y de la Mancomunitat de Catalunya, y que es la arteria más céntrica de la población, se rebautiza como calle del Generalísimo Franco. La travesía del Portal pasa a denominarse calle de la División Littorio. La calle Ignasi Iglesias, un dramaturgo catalán, pasa a homenajear a José Antonio Primo de Rivera, fundador de la Falange. Y la calle Torrenova se convierte en la calle del General Mola.

A la República, solamente le resta organizar un plan definitivo de retirada que permita la entrada en Francia del mayor número posible de soldados y de civiles. Es una huida masiva y desesperada.

Una vez llevados a cabo los interrogatorios, y tras ir continuamente de un lado para otro bajo la vigilancia permanente de soldados franquistas, los prisioneros capturados en Vilatorta montan en diferentes camiones. El frío martiriza sus rostros y, durante el trayecto hacia el oeste, solo comparten silencio y desánimo. De vez en cuando, les sobrevuelan escuadrillas de aviones enemigos que se dirigen al norte. La comitiva de vehículos atraviesa muchas poblaciones. Después de dejar Manresa, llegan a Igualada, a escasos nueve kilómetros de Capellades, y sin parar ni un instante, se encaminan hacia Cervera, Tárrega Bellpuig y Mollerussa. Para Joan Colom, estar de nuevo tan cerca de los suyos, sin la libertad de ir a su encuentro, es un golpe muy duro y llora desconsolado. En las poblaciones que cruzan hay personas que se santiguan a su paso. Otras levantan enérgicas su brazo derecho y mantienen en alto el gesto fascista. No todas por convicción, sino por miedo a las represalias si no lo llevan a cabo. Al final llegan a la ciudad de Lleida, destrozada por los bombarderos y llena de edificios en ruinas.

Después de ser ocupada por el ejército rebelde en abril de 1938, han sido acondicionados en la ciudad tres campos de prisioneros que se suman a la Prisión provincial, en la parte alta de la rambla de Aragó, y a la fábrica Vilalta. El primer campo se sitúa en el Seminario viejo, al final de la calle Companyia. El segundo se encuentra en el Seminari nou y, por último, está el de La Seu vella. Los camiones que trasladan a Joan Colom ascienden hasta la parte más alta de la ciudad y superan con alguna dificultad el último tramo hasta que se introducen en el Campo de Prisioneros y presentados que alberga La Seu Vella, la majestuosa catedral que preside la ciudad desde lo alto de un montículo. Ahora se la conoce como El Castillo o Campo de concentración de la Plaza. En esos días, se ha convertido en el mayor centro de reclusión de Lleida, y acoge más de siete mil prisioneros en unas instalaciones previstas para un número muy inferior de internos. De ahí que ofrezca unas pésimas condiciones de vida.

La reclusión

La Seu Vella de Lleida —antigua catedral— es una majestuosa construcción del siglo xiii. Situada en lo alto de un montículo, no solo contempla la ciudad, sino también gran parte de la Comarca del Segrià y de la Plana de Lleida. Para convertirla en edificio militar y en campo de concentración de prisioneros no ha sido necesario realizar ninguna obra. Sirven las que en su momento realizó allí Felipe v. Lo único que ha sido necesario es facilitar una entrada de agua a través de un conducto de treinta centímetros de diámetro, que se deteriora a menudo, y que resulta del todo insuficiente para garantizar las mínimas condiciones higiénicas de las personas allí confinadas a la fuerza. Para instalarlas a todas, el claustro está seccionado en dos pisos de altura mediante unas vigas de madera. Se accede a través del postigo de la llamada Puerta de los apóstoles. Los arcos del claustro se encuentran tapiados y, en mitad del patio central, dentro de un pequeño edificio añadido, se halla la cocina. Para acceder a la iglesia, que también está seccionada en dos pisos, se usa una pequeña puerta. El piso inferior se usa como almacén, y también da cabida, entre la oscuridad y la humedad, a un buen número de prisioneros. En la nave del crucero se ha añadido otro piso, repleto igualmente de reclusos que aprovechan los capiteles de las naves laterales como percheros.

Según llegan al Campo, los nuevos prisioneros son clasificados en cuatro grupos acorde con la pena que deberán cumplir y con un informe que determina la condición, los antecedentes, la intervención durante la guerra y las circunstancias de entrega voluntaria o de captura, dependiendo de cada caso.

En el grupo A se inscribe a los que justifican su afección al Movimiento nacional o que, sin ser contrarios, han sido obligados a formar parte del Ejército republicano. En su caso, quedarán libres si presentan unos avales favorables en este sentido. El grupo B está destinado a los prisioneros que después del requerimiento del Ejército de la República se presentaron voluntarios para formar parte de él, pero carecen de cualquier responsabilidad social o política. Si eso sucede, deberán permanecer recluidos en el campo o serán enviados a los Batallones de trabajo. En el grupo C se encuentran los mandos y oficiales del Ejército republicano, capturados o presentados, a los cuales se les atribuyen actos de hostilidad respecto de las tropas de Franco. También se incluyen en dicho grupo los dirigentes y miembros destacados de partidos y organizaciones políticas o sociales. A estos se les considera "enemigos de la Patria y del Movimiento Nacional y posibles responsables del delito de rebelión militar" y, junto con los integrantes del grupo D, que es el propio de los responsables de delitos contra personas llevados a cabo antes o después del Movimiento nacional, son enviados a centros penitenciarios o ante el pelotón de fusilamiento.

Una vez clasificados, los prisioneros son conducidos hacia los dos pisos del claustro donde intentan conseguir un poco de espacio en medio de miles de rostros hambrientos y enfermos. Joan Colom desea más que nunca que se acelere la redacción de su informe de buena conducta y que pueda salir cuanto antes de ese otro infierno. Mientras intenta encontrar un hueco entre tantos cuerpos, observa cómo un religioso se acerca a un prisionero abandonado en un rincón y se sienta a su lado para confesarle antes de que muera. Pero, de repente, se oyen los gritos de un teniente franquista:

—¡Como siga así, a usted le fusilamos!

El religioso persigna al prisionero y se aleja cabizbajo. Poco después, el prisionero muere y dos soldados republicanos son obligados a sacarlo en brazos. Días después, la cifra de prisioneros que mueren no para de crecer por culpa de las pésimas condiciones higiénicas del lugar. También a causa del frío y de una alimentación muy deficiente. La dieta diaria por prisionero consiste en ciento cincuenta gramos de pan de pésima calidad. Por la mañana, y al mediodía, se acompaña únicamente de un plato lleno de un líquido que se asemeja al café, dentro del cual flotan entre diez y doce lentejas. También escasea el agua, de modo que pronto prolifera la desnutrición de los reclusos y la transmisión de enfermedades. Además, resulta imposible el aislamiento de los enfermos contagiosos.

La supervivencia de los allí confinados, más que de lo que les aporta el ejército de Franco, depende de los paquetes que las respectivas familias llevan o envían por correo al campo. Dichos paquetes siempre son revisados por los vigilantes de la entrada, de manera que, casi siempre, los alimentos se quedan en sus garitas de control sin que lleguen jamás a sus destinatarios o, en todo caso, lo hacen despedazados y maltrechos.

Los prisioneros duermen encima del frío suelo del claustro, alineados y con un pequeño pasillo en medio que permite el paso hacia una pequeña área de servicios en los que realizan sus necesidades fisiológicas. Durante el día, guardan las mantas y los contadísimos objetos personales que aún conservan, y los amontonan contra la pared del claustro, de manera que se convierten en un improvisado asiento.

Sentado encima de su bolsa, Joan Colom vuelve a escribir una carta a Teresa en un obligado castellano y con el propósito de no alarmarla, teniendo en cuenta las condiciones de su nuevo paradero. Por ello, opta por falsear un poco su verdadero estado.

Lérida, 6 febrero 1939

Querida madre, esposa, hijos y demás familia,

yo sigo muy bien de salud como deseo para todos vosotros. Esta carta es solo para poneros al corriente de mi situación para que no paséis ansia que yo pienso lo que habéis sufrido si es que no habéis recibido ninguna.

El día 2 de febrero me pasé junto con mis compañeros al ejército de Franco y ahora yo no tengo miedo de nada más. Estamos muy tranquilos. La comida como prisioneros no está del todo mal. Tú, esposa mía, no me escribas hasta que yo no te vuelva a escribir pues en los pocos días que llevamos en la España liberada cambiamos muy a menudo de sitio. Cuando pueda estar junto a vosotros, que creo será pronto, quizá por todo este mes estaré ya junto a vosotros, entonces podré explicaros toda mi óptica que será larga y habrá de todo. Según noticias que recogemos nos van a llevar a Zaragoza y desde allí pedirán informes nuestros a nuestros pueblos para ver la conducta seguida anterior y durante el movimiento y entonces según el informe deberá correr la suerte que la ley imponga. En cuanto a mí, esto no me da nada de temer por eso estoy tranquilo, ya sabes que mis manos están limpias de todo, siendo así tengáis un poco de paciencia que pronto se pondrá todo en claro.

No he visto a nadie más que al hermano de la Rita de cal Carderet que lo vi en el campo de aviación de Vilatorta pero como yo me pasé aquel día no he sabido más de él. Todos los demás tendrán que correr la misma suerte que yo, esto si no los han matado antes.

Deseo vivamente ver a los pequeños, besaros a todos y no separarme más de vosotros. No sé nada de mis hermanos. De Pepe, que era más fácil tener noticias, no sé nada. Cuando yo regrese ya lo celebraremos todos juntos que nunca me hubiera creído que terminara tan aprisa y feliz que si no viene nada de nuevo esto no será nada.

Te abraza tu esposo

Juan Colom

Al igual que todos los que le acompañan, es muy consciente de la importancia que supone tener un buen aval que demuestre que no tiene antecedentes revolucionarios ni filiaciones políticas o sindicales contrarias al nuevo régimen.

La guerra en Catalunya toca a su fin. El día 4 de febrero, las tropas franquistas ocupan Girona y se pasean entre edificios aún humeantes tras los últimos bombardeos. A continuación, también capitulan La Seu d'Urgell, Olot y Ripoll. Ya no hay defensa posible y, durante la madrugada del 8 de febrero, el general Vicente Rojo, jefe del Estado Superior Central, firma la orden de retirada del Ejército republicano en Catalunya. Al poco de hacerlo, cruza la frontera francesa junto con Negrín, el presidente del gobierno de la II República, justo dos días después de haberla cruzado Manuel Azaña, Diego Martínez del Barrio, presidente de las Cortes y del consejo de ministros, Lluís Companys, presidente de la Generalitat de Catalunya, y José Antonio Aguirre, presidente del gobierno vasco. Ese mismo día cae también Figueres.

El éxodo hacia Francia es masivo. Desde el Ejército republicano, la situación se describe de la siguiente manera: "Por las carreteras huían más de medio millón de personas, de las cuales una buena parte eran oficiales y soldados desertores que no trataban ya de reincorporarse al frente, sino de alcanzar lo antes posible la frontera. A mi alrededor había soldados de todas clases, la mayor parte sin armas, que corrían con desesperación y a los que no era posible detener. No podíamos pensar en ninguna clase de resistencia, pero nuestro deber era proteger la retirada de los miles y miles de fugitivos. Mis zapadores iban volando puentes y alcantarillas. Habíamos visto en la guerra bastantes desbandadas, pero nada que pudiera compararse con esto. Incluso algunos jefes abandonaron sus puestos y en sus automóviles trataron de escaparse a Francia".

Siete camiones parten hacia la frontera francesa desde la Mina Canta, situada en la población de La Vajol. En su interior se encuentran, para su salvaguarda en Francia, diversos bienes materiales de la República, tales como oro y obras de arte muy valiosas que en su día se extrajeron del Museo del Prado. Su avance apresurado se dificulta por la gran cantidad de personas que ocupan a pie las carreteras. Al final, de los siete camiones, solo seis consiguen entrar en tierras francesas. Y nunca más se sabrá del paradero del séptimo, que viajaba cargado de oro. Además de estos, otro camión del Servicio de bibliotecas del frente de la Generalitat de Catalunya también intenta pasar entre la multitud. Durante el conflicto bélico, y en coordinación con la dirección técnica de Bibliotecas populares, dicho camión ha facilitado el préstamo de libros a los soldados republicanos del frente de guerra a fin de fortalecer su moral. Ahora, en lugar de libros, traslada a unos cuantos escritores e intelectuales hacia el obligado exilio.

Entre los que ascienden el Coll de Ares, en su huida desesperada, se comparte la idea de que en la frontera se confiscan todos los objetos de valor. Por esta razón, son muchos los que deciden enterrar joyas al pie de distintos árboles, que quedan fijados en su memoria, con la intención de reencontrarlos en su presunto cercano regreso.

En los márgenes de la carretera también se abandonan muchos vehículos militares. Una vez superado el Coll de Ares, son miles las personas que descienden en hileras silenciosas hacia Prats de Molló. Entre ellos, se encuentra el escritor catalán Pere Calders, quien inmortaliza dicho periplo con estas palabras:

> *Caminamos cabizbajos, en silencio y con el pensamiento lleno de todas las cosas que dejamos atrás. (...) Me veo obligado a huir de todo cuanto quiero y siento tanta rabia y tanta pena que lloro con los ojos secos y no me importaría morirme. El Pirineo es ahora el agujero del gran desgarrón que deshace Catalunya y con ella nuestras vidas. Me es imposible explicar la desolación que nos domina. Todos estamos un poco enfermos después de las últimas noches al raso en estas montañas de nieves eternas. Estamos rodeados por enfermos mal atendidos y con la carne gangrenada que se mantienen en pie y caminan sostenidos solo por el deseo de huir. He visto mujeres y criaturas en los márgenes de los caminos muertas de miseria, frío o cansancio. Y he visto caras, miles de caras flacas y pálidas a las que solo resta un poco de voluntad en la mirada. La escasa voluntad que nos queda a todos para seguir avanzando.*

Entre finales de enero y el 10 de febrero, cruzan la frontera con Francia trescientas cincuenta y tres mil personas, entre las cuales se encuentran cerca de doscientos mil soldados, sesenta y ocho mil niños y niñas, sesenta y cuatro mil mujeres, nueve mil ancianos, once mil varones adultos y otras once mil personas más no registradas.

Finalmente, el 9 de febrero las tropas franquistas llegan al Coll del Pertús, que conecta las comarcas de l'Alt Empordà y el Vallespir. Al día siguiente, entran en Portbou y Puigcerdà, y durante el día 11 ocupan Llívia. Por mucho que el comunicado oficial de guerra del día 10 indique que "nuestras fuerzas han alcanzado victoriosamente en el día de hoy todos los pasos de la frontera francesa, desde Puigcerdá hasta Portbou. La guerra en Cataluña ha terminado", las tropas franquistas no entrarán en Molló y en el Coll d'Ares hasta el día 13 de febrero.

El Cuartel general del Generalísimo certifica que, durante la ofensiva en Catalunya, han sido capturadas ciento diez mil doscientas treinta y seis personas. El destino de los exiliados se encuentra lejos de su país. El de los que se quedan en Catalunya, libres o cautivos por el ejército de Franco, reviste la forma de una interrogación mayúscula.

Por Capellades corre la noticia de que, mientras jugaban por la montaña, unos niños se han introducido en una cueva y han encontrado armas y munición abandonadas por los soldados republicanos en su retirada. Y que, luego, han provocado la explosión de una parte de la pólvora, y que uno de ellos ha acabado con graves quemaduras en su rostro. Con el propósito de que no se repitan accidentes como este, las nuevas autoridades locales, a través de un comunicado público, han recordado a los padres de familia que vigilen a sus hijos en todo momento.

Desde su comedor, Teresa lee la carta de su esposo con el corazón roto. Cuando el pequeño Joan le pregunta por el paradero de su padre, Teresa señala Lleida. Nuri y Laura corren a encontrar dicha ciudad en el mapa y no entienden por qué se aleja tanto de casa y no regresa de una vez.

Dentro del claustro de La Seu Vella, a Joan Colom se le acaban las fuerzas. Los días pasan, y el hambre y la humedad le torturan cada vez más. Padece escalofríos continuamente y también siente una pena que lo deja inmóvil casi todas las horas. Más de la mitad de los prisioneros están llenos de piojos, y a los otros les empiezan también los picores por todo el cuerpo. Cada vez hay más soldados que no se mantienen en pie, que caen enfermos, y que solo cambian de lugar cuando los recogen sin señal alguna de vida.

Aquellos que desean escribir cartas a sus familias, tienen que hacerlo con unas tarjetas que venden en el mismo campo de prisioneros a unos precios que únicamente están al alcance de unos pocos. Todos esperan ansiosos la llegada de los avales que puedan redimirles de la condena. Igualmente, anhelan la llegada de los paquetes que les envían desde sus casas y de unas cartas que por unos momentos distraigan sus tristezas y sus angustias. Los que pueden escribir una carta a los suyos, en obligado castellano, descubren cómo sus palabras escritas deben pasar antes la censura de unos vigilantes del campo que controlan el contenido de sus escritos entre sonrisas malintencionadas.

Joan Colom se ve aún con ánimos de dar forma a una segunda carta. Será breve, como sus esperanzas en esos días.

Ariva España. Viva Franco

Lérida 19-2-39

Querida esposa y demás, hasta la presente estoy bien lo mismo espero de vosotros. Te mandé una carta el día 4 pasado y no te he podido escribir más pronto por carecer de dinero para comprar esta postal. Si esta llegara a tu poder, no pierdas tiempo tú para venir, si tú no puedes que venga un cuñado. Me falta la americana de vellut, no tengo tabaco ni dinero, pues sin dinero no hay tabaco, no tengo papel, me faltan calcetines. También quisiera la botella grande para poner agua, pues sin cantimplora no puedo beber cuanto quiero, si lleváis la bota que sea llena, si podéis de vino. El que venga a verme la visita será muy corta pues estamos en estas órdenes. De todas maneras, un mes más o menos no importa, lo principal es que cuando pedirán mi información la encontrarán limpia de toda la vida. Besos para todos y tu recibe el abrazo de tu esposo.

Juan Colom

Con este encabezamiento obligado, la tarjeta postal se envía bajo el sello de tinta que imprime la censura, justo sobre el águila coronada, con las palabras *"Una, Grande y Libre".* Joan Colom indica en el remite que se encuentra en el *"Campo de Prisioneros y Presentados. El Castillo. 3ª Compañía. Lérida".* Ha tenido suerte de que otro prisionero que acababa de recibir un paquete de su familia le haya prestado el dinero para comprar la tarjeta. Ha escrito la carta entre temblores, en el espacio minúsculo que el papel permite. Hace días que se encuentra mal, le tiembla la voz en las pocas ocasiones en las que habla con alguien, y se nota la frente caliente. También sufre picores por todo su cuerpo. En la carta no ha querido compartir estas sensaciones con Teresa, porque la conoce y sabe que, si descubre que no se encuentra bien de salud, su preocupación sería absoluta. Por lo tanto, prefiere que desconozca su sufrimiento, y solo ansia que le lleve lo que le ha pedido.

El día 21 de febrero tiene lugar en Barcelona un desfile de la victoria con la presencia de Franco, en medio de brazos en alto y camisas azules.

Teresa ha tomado la decisión de desplazarse a Lleida para visitar a su marido, tal como hizo cuando se encontraba en La Garriga. Paquita, su cuñada, quiere acompañarla, y las dos se dirigen al Ayuntamiento de Capellades para solicitar el permiso necesario para poder ver a Joan. Las nuevas autoridades del consistorio les entregan un aval de identificación y de vinculación entre ellas y Joan, y les desean mucha suerte. El lunes 27 de febrero, un camionero que realiza el servicio con Lleida no tiene inconveniente en llevarlas a esa ciudad. Una vez allí, bajan del camión cerca del río, y Teresa y Paquita se encaminan hacia lo alto de La Seu Vella a través de calles muy empinadas. Atraviesan el barrio del Canyeret y les sorprende la gran cantidad de casas derrumbadas por los bombardeos y las calles cortadas. Cuando llegan a la puerta de control de acceso al Campo de prisioneros, presentan el aval a los soldados de guardia y uno de ellos se lo lleva al interior. Mientras aguardan su regreso, son testigos de una escena terrible. Unos familiares que también han acudido al Campo para hacer entrega de un paquete para un prisionero, con comida y ropa, reciben la notificación de que el preso ya no las necesita porque murió dos días antes. Al conocer la noticia, a la que parece la esposa del fallecido le flaquean las piernas y cae al suelo desmayada. Sus acompañantes intentan reanimarla mientras lloran de dolor. Después, la levantan y se la llevan. El paquete queda abandonado en el suelo, y uno de los soldados de guardia lo abre apresuradamente y le da un bocado a la comida que contiene.

El soldado que se ha llevado el aval aún no aparece y, mientras tanto, Paquita observa el campanario majestuoso que preside el recinto. También se fija en los movimientos de los soldados. Da la impresión de que a todos les falta tiempo. Teresa reza en silencio hasta que regresa el soldado con el aval. Les comunica que dicho aval no es válido y que no se les permitirá entrar en el Campo. Que vuelvan el domingo, que es cuando se autorizan las visitas. A continuación, añade que, si lo prefieren, pueden dejarles el paquete que llevan, que ya se lo entregarán al prisionero al día siguiente. Paquita reclama que tienen que verlo, que acaban de realizar un viaje largo y que será un momento. De nuevo reciben por respuesta una negativa rotunda. Finalmente, deciden dejar el paquete después de improvisar una nota escrita a lápiz en un trozo de papel.

> *Juan Colom, estoy aquí con la Paquita. Te he traído la ropa. Dicen que te la entregarán mañana y yo no puedo verte hasta el domingo siendo así no podré verte porque mañana me marcharé. Qué haría aquí tantos días. Entérate de lo que te falta para que puedan avalarte y escriban a Capellades.*
>
> *Tu esposa*
>
> *T. Comabella*

En medio del desánimo compartido, las dos mujeres empiezan el descenso hacia la ciudad. Van al encuentro de una familia amiga que las acogerá durante la noche, de modo que, al día siguiente, podrán regresar a Capellades con el mismo camión que las ha traído. Al poco de alejarse del Campo, una mujer sale a su paso. Primero, les pregunta el motivo de su visita, y Paquita le responde que no es de su incumbencia, pero a Teresa le parece que no pasa nada si comparten su pena. Le cuenta que su marido es uno de los prisioneros republicanos. En ese momento, y ante la evidencia de que no han podido visitarle, la mujer les comparte que tiene contactos con los soldados que controlan el acceso y que, a cambio de una determinada cantidad de dinero, les puede facilitar el encuentro. Paquita, enojada, arremete contra ella y le asegura que no las engañará tan fácilmente. Después, agarra a Teresa del brazo y reanudan la marcha. La mujer insiste en que, además de facilitar el encuentro, si la cantidad es mayor, puede mediar para que el marido de Teresa recupere la libertad, gracias a las influencias que también tiene entre las nuevas autoridades de Lleida. Los ojos de Teresa brillan como nunca, pero Paquita continúa arrastrándola y, finalmente, se alejan. La mujer ahora las amenaza y les recalca que, del mismo modo que tienen la posibilidad de que sea liberado un prisionero, si no le pagan el dinero que solicita, puede hacer que los franquistas detengan a otro familiar. Paquita la maldice sin más contemplaciones.

—*¡Qué te crees, que no tenemos bastantes problemas! ¡Solo nos faltaba esta!*

Entonces, la mujer va al encuentro de los familiares de otro prisionero que acaban de llegar. Les requiere qué los ha llevado allí. La mujer que tiene los ojos más tristes le confiesa que su hermano se encuentra dentro del Campo.

Tras casi no pegar ojo durante la noche en casa de los amigos de la familia, al día siguiente Teresa y Paquita regresan a Capellades con el mismo camión.

Joan Colom se despierta muy dolorido y con picores por todo su cuerpo. En cuanto oye cómo lo reclaman, nota un desvanecimiento general y tiene serias dificultades para incorporarse. A su lado, descubre un paquete acompañado por una nota escrita con la letra de Teresa. Se apresura a abrirlo, mientras siente un sinfín de escalofríos que quiere atribuir solo a la emoción. Piensa que Teresa ha estado hace poco muy cerca, al otro lado de unos muros desgastados por tantas historias tristes. Gracias a ella, ahora dispone de unos calcetines que esconden cuatro monedas. También de su americana de terciopelo y de una botella de vino, curiosamente llena hasta la mitad y con el corcho medio abierto. Sigue buscando para ver si encuentra el tabaco que también requirió y no lo encuentra. Pero se alegra, porque con las monedas podrá comprar otra tarjeta para escribir a Teresa y su americana preferida le ayudará a combatir el frío nocturno. Entonces se siente mareado y necesita sentarse contra una de las paredes del claustro. Intenta ponerse los calcetines, pero el dolor de sus brazos se lo impide. Tampoco se atreve a pedir ayuda a nadie. Piensa que quizás sería aconsejable solicitar que se lo llevaran a la enfermería del Campo, situada en un rincón del claustro, antes de la Puerta de los apóstoles, pero intenta convencerse de que solo se trata de un malestar temporal e intenta no pensar más en ello. Desde que entró en La Seu, y dejando de lado a los soldados del aeródromo de Vilatorta, ha establecido amistad con un prisionero de Molins de Rei, que tiene su misma edad, cuarenta y un años, y una familia que le aguarda. Este amigo hace días que no se mueve de su rincón. Tiene la fiebre muy alta y ya no es capaz de articular ni una palabra. Únicamente mira a Joan con unos ojos llenos de tristeza. Cuando reconocen su estado, otros prisioneros avisan a los vigilantes del Campo. Joan Colom observa ahora cómo lo trasladan a la enfermería, de donde no vuelve nunca más.

La salud general de los prisioneros empeora por momentos. Mueren compañeros de presidio al mismo tiempo que se ganan espacios. No se somete a nadie a ninguna revisión médica y, mientras tanto, piojos y pulgas invaden la mayoría de los cuerpos allí confinados. En la enfermería están desbordados. A los casos de apendicitis y de peritonitis se les suma una cantidad de fiebres altas que no deja de crecer ni por un momento. Se producen erupciones cutáneas severas, náuseas y vómitos. Los prisioneros que son llevados a la enfermería están a cargo de otros prisioneros, que muestran buenas intenciones, pero que carecen de los más mínimos conocimientos médicos. Únicamente disponen de espadrapos y mercromina, y se enfrentan a una terrible epidemia de tifus que se propaga por el claustro sin tregua alguna. En algunos casos, el médico titular, ante la gravedad evidente de algunos pacientes, solicita su traslado al hospital militar "por no reunir condiciones la enfermería de este establecimiento". Los pocos que allí son llevados, mueren en cuanto llegan. En medio de este drama, un jefe de orden público franquista incluso llega a declarar que "los presos no son dignos de formar parte del Nuevo Estado".

En Capellades, Teresa recibe el llamamiento para su inscripción en el Auxilio social. A finales de febrero, Francia y el Reino Unido reconocen la España de Franco. La República tiene los días contados.

En Lleida, el cura que presta el servicio espiritual a los prisioneros de La Seu entra y sale continuamente de la enfermería. Joan Colom se encuentra cada vez peor. Padece continuos escalofríos y aumenta la temperatura de su cuerpo. También descubre unos misteriosos puntos rojos en su piel. Sufre náuseas y padece una tos que causa dolor a su cuerpo, cada vez más débil. También se le desdibujan a menudo los contornos del resto de prisioneros, que lo miran de reojo. Tiene frío y un dolor agudo de cabeza. Se siente cada vez más débil, y solo encuentra la calma si no se mueve ni un milímetro. Ese 5 de marzo se queda quieto, hasta que nota cómo se lo llevan a la enfermería. Una vez allí, lo tumban en una litera. Joan Colom mira el techo y piensa en Teresa. El médico le toma el pulso. Él se acuerda de sus tres hijos. Los enfermeros le piden que beba agua. Tragarla le provoca un dolor agudo en la garganta. Entonces se acuerda de sus hermanos, Josep y Tonet. Un enfermero lo cubre con una manta vieja, llena de agujeros y rígida por el frío. Joan Colom piensa que su madre está sola. Llega el cura. Él recuerda la sonrisa entrañable de su padre. Médico y enfermeros les dejan solos. Ahora repasa mentalmente la forma de las calles de Capellades. El cura dibuja la señal de la cruz en su frente. Joan Colom sabe que sus manos están limpias, que durante la guerra no ha hecho mal alguno a nadie, que esa no es su guerra. El cura le deja solo y él siente escalofríos continuos. Mientras le vence un sueño tranquilo, visualiza unas cuantas imágenes.

Por fin, recibe el aval y regresa a Capellades. Trabaja de nuevo a las órdenes de su padre. La inauguración de la piscina es un gran éxito. Pero tiene que sembrar cuanto antes las patatas, para que no vuelva a pasársele por alto el día de San José. Cada vez llega menos agua por el canal, y el corazón del molino se resiente por ello. La muela de piedra gira pesarosa y con muchas dificultades. La serpiente de la Font del Llangardaix de Dalt aún no había muerto, resurge de entre los matojos y de nuevo se enrosca en uno de sus brazos. A Joan Colom le falta agua, le falta oxígeno. El molino detiene su actividad. Dormir, morir, nada más. Todos sus anhelos e ilusiones se funden en ese frío rincón en lo alto de Lleida.

Su corazón deja de latir a las dos y media de la madrugada de ese primer lunes de marzo. Desde el sanatorio de Puig d'Olena, en Sant Quirze de Safaja, comarca del Vallès, el poeta de Lleida Màrius Torres, durante esa misma madrugada, da forma a un poema que le sirve para expresar la nostalgia de su ciudad.

JOAN PINYOL

LA CIUTAT LLUNYANA

Ara que el braç potent de les fúries aterra
la ciutat d'ideals que volíem bastir,
entre runes de somnis colgats, més prop de terra,
Pàtria, guarda'ns: la terra no sabrà mai mentir.
Entre tants crits estranys, que la teva veu pura
ens parli. Ja no ens queda quasi cap més consol
que creure i esperar la nova arquitectura
amb què braços més lliures puguin ratllar el teu sòl.

Qui pogués oblidar la ciutat que s'enfonsa!
Més llunyana, més lliure, una altra n'hi ha, potser,
que ens envia, per sobre d'aquest temps presoner,
batecs d'aire i de fe. La d'una veu de bronze
que de torres altíssimes s'allarga pels camins,
i eleva el cor, i escalfa els peus dels pelegrins.

Màrius Torres
5 de març de 1939

LA CIUDAD LEJANA

Ahora que el brazo potente de las furias derriba
la ciudad de ideales que queríamos construir,
entre las ruinas de sueños enterrados,
guárdanos Patria; la tierra nunca sabrá mentir.
Entre tantos gritos extraños, que nos hable
tu voz pura. No nos queda más consuelo
que creer y esperar la nueva arquitectura
con la que brazos más libres puedan alzarse de ti.

¡Quién pudiese olvidar la ciudad que se hunde!
Más lejana, más libre, quizás existe otra
que nos envía, por encima de este tiempo prisionero,
latidos de aire y de fe. La de una voz noble y de bronce
que de torres muy altas se extiende por los caminos,
y eleva los corazones, y calienta los pies de los exiliados.

Màrius Torres
5 de marzo de 1939

El acta de defunción de Joan Colom se formaliza a las once de la mañana del 6 de marzo ante el Juez Municipal de Lleida, Josep María Simón, y del secretario del juzgado, Mariano Grau. En ella, se certifica que falleció en un hospital móvil, que tenía cuarenta años, y que era hijo de Antonio y de Rosa. En cambio, quedan sin rellenar los espacios destinados a los datos respecto a su domicilio, profesión y estado civil. También se indica que la muerte se produce "el día de ayer a las dos y treinta minutos, a consecuencia de infección, según resulta del certificado médico y reconocimiento practicado". Igualmente, se determina cuál tiene que ser el destino de su cuerpo. "Su cadáver habrá de recibir sepultura en el cementerio de esta". Firman dicha acta, en calidad de testigos de la defunción, Ramon Aspuet y Josep Serra, "mayores de edad y vecinos de esta", y el documento se registra con el número 307 y se archiva en el folio 230 del volumen 158 correspondiente a las defunciones acaecidas en Lleida en esos días.

Cuando tenía lugar una muerte dentro del Campo de Prisioneros de La Seu, constaba explícitamente que había tenido lugar "en la enfermería, habiendo recibido los auxilios espirituales". Después, el cuerpo del fallecido era trasladado al cementerio, y sus datos, facilitados por el hospital militar "de esta Plaza", se incluían en una relación nominal "del personal que fue enterrado en el cementerio de esta localidad".

Como prisionero republicano, los restos mortales de Joan Colom son sepultados en la fosa común del Departamento de San José, una parte del cual posteriormente será conocido como Departamento de San Miquel, y que está destinado a las víctimas civiles y militares de los enemigos. Su cuerpo es inhumado cerca de otras fosas llenas de víctimas de la guerra. También las víctimas de la represión franquista en la ciudad a partir de abril de 1938, las víctimas del denominado terror revolucionario entre 1936 y 1938, así como las víctimas de los bombardeos aéreos que sufrió la ciudad antes de ser ocupada. Sobre todo, del bombardeo del 2 de noviembre de 1937. Ese día, cuando faltaban veinte minutos para las cuatro de la tarde, la aviación fascista italiana descargó su ira y sus bombas sobre la ciudad y provocó, entre otras muchas, la muerte de cuarenta y ocho alumnos y diversos profesores mientras estaban en clase y en el patio del Liceo escolar. Una vez contadas todas las víctimas que yacían entre el polvo y los escombros, la cifra de fallecidos en la ciudad superó los trescientos muertos.

Una vez enterrado entre tantas víctimas, Joan Colom padece todo el peso de la guerra. El reloj de su mano izquierda le oculta las horas bajo una capa de tierra removida. Nunca más podrá pasar la otra mano por la esfera y ya nadie le dará cuerda cuando se detenga. Joan Colom y su reloj se funden en el tiempo.

Los deshilos del corazón

Cuando le llega la noticia de la muerte de su marido, Teresa se encuentra en el cuarto del costurero, cosiendo una falda con su inseparable Wertheim y, en un instante, se le descose el corazón. La aguja se para en un punto de no retorno. Paquita la abraza con fuerza. Aurora hace lo mismo con Nuri y con Laura. El pequeño Joan, desde ese momento, y a sus once años, convertido en el único hombre de la casa, llora amargamente delante de la chimenea.

Para Teresa, perder al esposo en esas circunstancias, y con tres hijos a su cargo, se convierte en la experiencia más triste que hasta el momento le ha deparado la vida. Por la soledad que se le impone como viuda y por el enorme precipicio vital que se abre a sus pies. Lo primero que hace, entre unas lágrimas amargas que le queman el rostro, es descolgar el mapa de Catalunya del comedor y guardarlo en el sótano. En su lugar, cuelga una fotografía de su boda en la que ella y Joan aparecen jóvenes y guapos. Él, con un lazo claro como su camisa, y ella, con un vestido oscuro que luce un bordado de flores sencillamente perfecto. Sus cabezas se apoyan la una en la otra y comparten una sonrisa cómplice. A partir de ahora, Joan Colom solo vivirá en su corazón.

El dolor y las lágrimas invaden a toda la familia. La madre de Teresa maldice la guerra, una y otra vez, porque ya ha provocado la muerte de dos de sus yernos y ha dejado viudas a dos de sus hijas. Eran dos hombres buenos que lo único que hicieron fue responder con responsabilidad a la llamada del Gobierno de la República, y no les dio ni tiempo para combatir. El marido de Emilia, en el bombardeo de Granollers, y ahora, el marido de Teresa en Lleida y por culpa de una epidemia de tifus causada por las nefastas condiciones que sufrió en su injusta reclusión. El número 26 de la calle Anselm Clavé se llena de personas que quieren compartir el momento doloroso con la familia. Una experiencia que, en esos días, y por el mismo motivo, tiene lugar en muchos hogares de la población.

Teresa quiere enterrar a Joan en Capellades, y con dicho propósito está determinada a desplazarse una vez más a Lleida para reclamar el cuerpo de su esposo antes de que sea demasiado tarde. Entre las personas que han acudido a su casa para dar el pésame, hay una que comparte la historia de un soldado republicano que también ha fallecido recientemente.

El 14 de febrero de ese 1939, Enric Bosch Tomás, de dieciocho años y procedente de Manresa, murió en el hospital militar de Lleida a causa de una miocarditis. Había sido capturado por el ejército de Franco en Ripoll y fue trasladado al Campo de prisioneros de La Seu Vella. Estaba herido y padecía una pulmonía severa. Una vez certificada su defunción, desde el mismo hospital se comprobaron sus datos de origen y se notificó su muerte a la familia. Cuando lo supo su padre, de nombre Conrad Bosch, que trabajaba en la Compañía eléctrica manresana anónima y disponía de un buen vehículo particular, se desplazó rápidamente hasta Lleida junto con su cuñado Ángel Tomás, un médico también de Manresa. El cuerpo sin vida de Enric Bosch fue colocado expresamente en uno de los extremos de la hilera de cuerpos que había que inhumar en una fosa común. Después de efectuar su reconocimiento, su padre inició los trámites necesarios para el traslado a su ciudad de origen. Un traslado que tuvo que esperar un tiempo, durante el cual, el cuerpo reclamado fue inhumado provisionalmente en un nicho individual del mismo cementerio. Antes de enterrarlo, el padre de la víctima le cortó un mechón de cabellos para llevárselos como recuerdo a su madre, Montserrat Tomás Jordana.

La mujer que comparte esta triste historia en casa de la apenada Teresa la ha conocido a través de fuertes fidedignas de la familia de los afectados, porque tiene una prima en Manresa que es amiga íntima de los Bosch Tomás, para quienes recuperar los restos del fallecido y enterrarlo en Manresa es solo cuestión de tiempo. Este relato anima a Teresa y dispara las probabilidades de conseguir exactamente lo mismo en relación con su esposo Joan. Al día siguiente, de nuevo junto a Paquita, se desplaza a Lleida.

Antes de llegar al Campo de prisioneros, se reencuentran de nuevo con la mujer que un día les quiso estafar con promesas vacías. Ella las reconoce y ni se acerca. Por su parte, las dos mujeres de Capellades aguardan en la puerta de control. Después de un buen rato, un soldado les comunica que el cuerpo del prisionero Joan Colom Solé ha sido enterrado ya en una de las fosas comunes del cementerio de la ciudad. Sin más demora, Teresa y Paquita se dirigen rápidamente hacia allí a través de calles maltrechas por los bombardeos. Una vez en el cementerio, preguntan el lugar exacto en el que se ha dado sepultura a los últimos cuerpos procedentes del Campo de prisioneros, y les indican que se les entierra en el Departamento de San José. La prisa y la emoción las traslada hasta allí. Ante una tierra removida, reclaman a uno de los operarios el cuerpo de Joan Colom. Les responde que lo que piden es un imposible, que una vez cerrada la fosa no puede abrirse nunca más. Con lágrimas en los ojos, Teresa le suplica que haga una excepción, que su querido esposo es de los últimos que se han enterrado allí y que lo reconocerá al instante. El operario vuelve a ser igualmente taxativo, inhumano e inflexible ante el dolor ajeno. Luego, las abandona allí, con el corazón destrozado, mientras las dos mujeres se abrazan. Teresa tiene una mirada perdida hacia un cielo inmenso que resulta insuficiente para acoger tanto dolor, y sus pies tiemblan encima de una tierra extraña que, a causa de un cruel designio del destino, se apropia del cuerpo de su marido. A lo lejos, continúan llegando carros con cadáveres.

El regreso a Capellades se hace interminable e infinitamente triste. Teresa piensa continuamente en Joan. Por mucho que su reposo eterno tenga lugar demasiado lejos de su casa, se hace el propósito de visitar a menudo la fosa del Departamento de San José. Lo difícil será, ahora, que sus hijos entiendan todo lo acontecido y por qué su padre no descansa en Capellades. Le llevarán flores a Lleida siempre que puedan. Lo recordarán durante toda su vida, pero nunca lo volverán a ver. No lo podrán abrazar más, ni él les podrá defender de los peligros del mundo que llegan con forma de serpiente. Tampoco lo podrán visitar en el cementerio de Capellades. Teresa recuerda por un momento la fortuna que, dentro de la desgracia paralela, sonrió a la familia de Manresa, y un peso gigante le oprime el corazón. Necesita coger aire y, siempre pensando en los hijos, salir adelante de la mejor manera posible. Le tocará trabajar muchísimo para llenar cada día los platos de su mesa. Sabe que podrá contar con la ayuda de su madre y de sus hermanas, pero reconoce que ante sí le aguarda un camino lleno de obstáculos que no le permitirán vivir con la tranquilidad que siempre había soñado. Sus tres hijos necesitan alimentarse, sobre todo en sus edades actuales. Será su madre, será su padre, siempre con la idea de que las guerras nunca traen nada bueno.

De nuevo en casa, recibe el abrazo emocionado de Nuri, Joan y Laura. Esa misma noche, Teresa escribe una carta dirigida a la familia amiga de Lleida que la acogió la noche que intentó visitar a su esposo, en la que les ruega que se pongan en contacto con el capellán del Campo de prisioneros de La Seu y le pidan toda la información posible sobre los últimos momentos de vida de su esposo. Teresa tiene la esperanza de saber, por lo menos, si murió asistido espiritualmente y necesita responder las preguntas que en ese momento atormentan su alma.

En casa de Joan Colom, los días siguientes transcurren con un dolor latente y una tranquilidad absoluta, llena de inacabables silencios. También entre las aprendices de costureras que continúan recibiendo la maestría de Teresa en el cuarto del costurero. Con los ojos rojos e hinchados de tanto llorar, les da todas las indicaciones. Las chicas intentan seguir sus consejos de la mejor manera, sobre todo porque necesitan remendar muchas cosas. Cicatrizar las heridas del alma y reforzar los cantos del corazón para que este no vuelva a resquebrajarse. Teresa les enseña las técnicas para la mejor confección de las nuevas piezas de ropa con una voz triste y una actitud seria y distante, con el pensamiento clavado en el rincón de Lleida donde yace su marido. Las chicas comprenden su estado, y siguen sus indicaciones con un gran respeto.

Por otro lado, la guerra, ese enfrentamiento desigual entre los defensores de un gobierno legítimo que calzan un zapato y una alpargata ante un ejército de insurgentes que luce botas de hierro de origen italiano y alemán, vive sus últimos compases. La República, ese cúmulo de posibilidades de libertad a tantísimos niveles, se descompone política y militarmente.

Ante la posibilidad de infecciones y de enfermedades provocadas por el hambre, las nuevas autoridades de Capellades inician una campaña de vacunación obligatoria contra la viruela, que se convierte en una condición indispensable de los obreros que quieran trabajar en las fábricas, y de los niños para asistir a la escuela.

La derrota de la República continúa provocando el éxodo masivo de la población y de las autoridades republicanas en medio del desorden más absoluto y sin previsión alguna. A finales de marzo, Franco ordena la ofensiva final contra Madrid, ciudad que ocupa el día 28 de ese mes. La dispersión republicana ya es absoluta. El día 29, las tropas franquistas ocupan Valencia y Alicante. En el puerto de esta segunda ciudad se viven momentos muy trágicos tras el atrincheramiento de más de quince mil republicanos que esperan, sin suerte, la llegada de barcos franceses para su evacuación, según un acuerdo internacional. En lugar de poder huir, son asediados constantemente por parte de los enemigos hasta que los convierten en prisioneros y los trasladan a los distintos campos de concentración.

El primero de abril de 1939, Franco emite el siguiente comunicado oficial que es transmitido por todas las emisoras de Radio Nacional:

> En el día de hoy, cautivo y desarmado el Ejército rojo, han alcanzado las tropas Nacionales sus últimos objetivos militares. LA GUERRA HA TERMINADO. Burgos, 1º de abril de 1939. Año de la Victoria.
>
> EL GENERALÍSIMO: Franco

Por su parte, dos días antes, el Ayuntamiento de Capellades hace un llamamiento público para la celebración del final de la guerra.

> "Para celebrar el grandioso acontecimiento del final de la Guerra, con la Victoria de nuestro valeroso Ejército y su invicto Caudillo, se ha dispuesto que hoy sea Fiesta

Nacional, engalanándose los balcones para manifestar el inmenso júbilo que brota en todos los corazones españoles. Capellades, 30 de marzo de 1939".

En medio del desánimo general, Teresa recibe respuesta de la familia de Lleida.

Lérida, 30 de abril 1939

Sra. Teresa;

Desearía que al recibo de estas líneas se encontrase bien. Estas líneas son para notificarle que cumplimos su encargo: Fuimos a ver al capellán sr. Daniel Muñoz y él nos dijo que solamente se había cuidado de su esposo (q.e.p.d.) hasta después de muerto, pero que él sabe que murió confesado y habiendo recibido los Santos Sacramentos y que él mismo se cuidó de enterrarle en una modesta caja tal como hacen a los demás. Él nos dio una carta de representación para el otro religioso que había asistido a su esposo en su agonía, pero al llegar allí nos dijeron que hacía dos días que no se veía por allí y que habían puesto a otro en su lugar y el portero nos dijo que a lo mejor lo habían trasladado a otro sitio. Así es que sintiéndolo mucho he de decirle que todos los informes que pudimos conseguir están ya notificados en esta carta. Sin más que muchos saludos para Pepeta y su hijo. Y usted los recibe de.

María Josefa Calella

En pleno desconcierto, Teresa lee y relee la carta mil veces y, al final, decide responderle con otra carta para agradecerle las gestiones que ha llevado a cabo desde Lleida.

Aunque la guerra oficialmente ha llegado a su fin, durante abril de 1939, muchas localidades, sobre todo las menos pobladas, viven días muy convulsos debido a las acusaciones entre vecinos, delaciones, detenciones, reproches, venganzas, interrogatorios, sillas que se estrellan contra las espaldas de los detenidos por orden de las nuevas autoridades, abusos de poder, expropiaciones forzosas, cambios de titularidad de muchas propiedades e inmuebles, quema y destrucción de documentos, reconstrucción obligada de edificios y de instalaciones por parte de los considerados como perdedores de la guerra, registros en casas particulares, decretos discriminatorios, regreso de soldados, esperas eternas y angustiosas en muchas casas en las que nunca tendrá lugar dicho regreso y concentraciones de republicanos en campos de prisioneros, muchos de los cuales, y por imperativo de la nueva legalidad, tendrán que llevar a cabo trabajos forzados. También se da una gran escasez de alimentos y el racionamiento insuficiente de los víveres más básicos.

En Capellades tiene lugar un llamamiento dirigido a la población infantil para que vuelvan a escolarizarse en las entonces denominadas Escuelas Nacionales, situadas en el antiguo edificio modernista, y con un horario y unas puertas de acceso diferentes para niños y niñas. Una vez forman en el patio central de la escuela, cada mañana se iza la bandera española mientras todos los alumnos están obligados a cantar el "Cara al sol". Entre el grupo de escolares se encuentran las hermanas Nuri y Laura Colom, vestidas de negro en señal de luto por la reciente muerte de su padre.

Las nuevas autoridades locales también avisan a la población de que todos los vecinos tienen la obligación de cambiar "los billetes puestos en circulación por el gobierno rojo" por la nueva moneda impuesta. Asimismo, se empiezan a distribuir los cupones necesarios para la adquisición de productos básicos como el pan, la leche y el aceite. Pero, por muchas tarjetas de razonamiento que corran por Capellades, el hambre se impone en muchas casas, como la de Teresa, que se ve obligada a desplazarse unas cuantas veces en camión hasta Santa Coloma de Queralt con el fin de adquirir garbanzos y almortas.

Una vez acabada la guerra, Josep, hermano de Joan Colom, es internado en un campo de prisioneros de Burgos, justamente el mismo día que es liberado de allí Tonet, su otro hermano.

En el Ayuntamiento de Capellades, se listan las personas afectas y desafectas al nuevo orden político. Igualmente, se declaran nulas las bodas llevadas a cabo durante el periodo de la guerra y se obliga a os contrayentes a repetirlas para conseguir su validez. En la iglesia del pueblo dan comienzo las obras de restauración, que se encargan, entre otros, al arquitecto Josep María Jujol.

Teniendo en cuenta que el nuevo Estado tiene el monopolio de la alimentación, y dada la situación de extrema pobreza, rabia y hambre a la que se somete a los vecinos, muchas personas intentan superarlas a través del estraperlo de productos que, a escondidas o con la connivencia de la Guardia civil, circulan en tren hacia Barcelona. Un día, Teresa reencuentra en plena calle la mujer que le contó el caso del soldado de Manresa que pudo ser identificado antes de ser inhumado en la fosa de Lleida. Le explica que la familia ya ha completado los trámites necesarios, y que su cuerpo se ha trasladado a Manresa, donde ha sido enterrado cerca de los suyos. Teresa se alegra por ellos desde una pena infinita por su marido.

Un año después de su muerte, Teresa solicita a las nuevas autoridades religiosas de Capellades la inclusión de un pequeño recordatorio del primer aniversario de la muerte de Joan Colom en la Hoja diocesana, que se edita en Barcelona desde el 3 de marzo de 1940. Dicho documento, aparte de hacer un llamamiento con el propósito de cubrir las plazas que han dejado vacantes "los sacerdotes que, durante la pasada Revolución, han perecido, víctimas del odio satánico" y tras relatar las circunstancias en las que muchos de ellos perecieron, con la inclusión de fotografías en primer plano de sus rostros sin vida, añade un pequeño recuadro con la siguiente anotación:

El día 5 del corriente, primer aniversario de la muerte de Juan Colom Solé (ocurrida el 5 de marzo) en el Hospital de Lérida. A las 7.30 se celebrará una misa en sufragio de su alma. R.I.P.

En agosto de 1940, cierra definitivamente sus puertas el Campo de prisioneros y presentados de La Seu Vella en Lleida.

A su regreso a Capellades, Josep Colom, hermano de Joan Colom, tiene la posibilidad de reflotar la empresa Construcciones Colom. Siguiendo los consejos recibidos en 1941, Teresa solicita el acta de defunción de su esposo. Se trata de un trámite doloroso por el que tienen que pasar muchas familias en las mismas circunstancias para la transmisión directa de propiedades, dado que, sin la preceptiva acta y sin constancia oficial de la muerte de una persona, esta puede ser considerada fugitiva y pueden quedar en suspenso los derechos hereditarios. También en este sentido, las nuevas autoridades llevan a cabo una distinción discriminatoria entre víctimas ganadoras y perdedoras de la guerra. La dictadura de Franco no entiende que la muerte iguala a todas las víctimas del conflicto y establece una diferenciación notable en el coste económico del trámite. Si el acta de defunción la solicita una familia cuya víctima ganó la guerra, debe abonar la cantidad de veinte y cinco céntimos de peseta. Si la pide una familia perdedora, como la de Teresa, el coste es mucho más alto. nueve pesetas.

El 3 de julio de 1941, Teresa recibe una carta con el siguiente reverso:

> *Debe entregarse a Doña Teresa Comabella, que vive en Capellades "casa Moreno" albañilería, de la calle Nueva. Preguntar a dicha señora si lo pagó, y caso de no haberlo hecho, importa 9 ptas.*

Ese mismo año, se inaugura oficialmente un monumento en el cementerio de Lleida "a los Caídos por Dios y por España", de tal altura, que la mayor parte del día proyecta una larga sombra sobre las fosas de los republicanos donde yace Joan Colom.

Durante décadas, la familia de Teresa, como la de tantos miles de familias a lo largo y ancho del país, tienen proyectada esa misma sombra alargada sobre de sus vidas. Nuri, Joan y Laura se casan y convierten a Teresa en abuela de diez nietos que, a menudo, visitan el cementerio de Lleida con sus padres. El día de su boda, Nuri decide llevar el ramo de flores a la tumba de su padre, aunque no tenga ninguna indicación. Este detalle sorprende a lo largo de los años a más de un nieto, que no entiende por qué no existe ni una triste cruz o inscripción con los nombres de los enterrados. Al final, depositan las flores en un rincón cualquiera, mientras el monumento a los Caídos les llama la atención continuamente. Joan Colom es una víctima más del silencio y del olvido que impone el tiempo.

Teresa muere el 8 de febrero de 1977 y es enterrada sola en un nicho en el cementerio de Capellades. Nunca tendrá conocimiento de uno de los secretos más crueles de la dictadura.

Joan Colom Solé, en pleno servicio militar perteneciente a la Quinta del 19

Fragmento de carta de Joan Colom Solé a su hermano Josep
desde el aeródromo de Vilatorta

Teresa Comabella, viuda, junto a sus tres hijos, Nuri, Joan y Laura en 1940

QUINCE AÑOS DE LUCHA

El amargo descubrimiento

Joan Pinyol, uno de los nietos de Joan Colom y de Teresa Coma-bella, es profesor de Lengua catalana y Literatura en el instituto de educación secundaria Guinovarda de la población de Piera, que se encuentra a siete kilómetros de Capellades. Asimismo, desarrolla el cargo de secretario del equipo directivo del centro.

El 28 de abril de 2008, Joan se dirige a la librería Dalmau, en la calle Pau Claris número 14 de dicha población. Tiene que liqui-dar las cuentas de los libros vendidos en el puesto de libros de Sant Jordi que los alumnos de cuarto de la ESO han llevado a cabo en el instituto. Se desplaza en coche, y mientras espera el turno para ser atendido, descubre que se ha publicado una nueva edición de la re-vista de historia *Sápiens*, en concreto el número 67, correspondiente al mes de mayo. En su portada, y bajo la fotografía de un soldado que apunta con su arma a un grupo de prisioneros de guerra con los brazos en alto, destaca el título "Los muertos olvidados. Toda la in-formación sobre las fosas comunes en Catalunya". Ese número de la revista viene acompañado de un librito con un nombre singular: "El secreto del Valle de los Caídos. Los nombres de los miles de muertos trasladados por Franco desde las fosas catalanas".

A Joan Pinyol siempre le ha interesado todo lo concerniente a la Guerra civil. Compra la revista y la ojea en plena calle. En la página 25, descubre el mapa de las fosas de Catalunya. La palabra "fosa" trae a su pensamiento a uno de sus abuelos, Joan Colom, el padre de su madre, al que nunca pudo conocer por culpa de la guerra, tras ser movilizado por el Ejército de la República. Solo sabe que murió en Lleida y que fue enterrado en una fosa común del cementerio de la ciudad. Con su madre ha acudido en más de una ocasión a llevarle flores, aunque nunca nadie ha sabido darles cuenta del lugar exacto en el que supuestamente reposa su abuelo. Joan Pinyol no ha enten-dido jamás por qué no están señalizadas las tumbas colectivas de los perdedores de la guerra.

En el mapa de fosas que publica la revista, las correspondientes a Lleida aparecen con el número 58. Joan también descubre dos artículos, uno que firma la periodista Silvia Marimon y otro, obra de la historiadora Queralt Solé. Si tuviese el tiempo necesario los leería enteros, pero le reclaman algunas tareas pendientes en el instituto. Decide ojear por encima el librito. Su portada reproduce, medio borrosa, la gran cruz del Valle de los caídos, el mausoleo que continúa intacto tantas décadas después, y que le provoca una sensación casi de terror. Entonces relee el subtítulo. "Los nombres de los miles de muertos trasladados por Franco desde las fosas catalanas". En ese instante, piensa en la gravedad que supone que el dictador trasladara cuerpos a un lugar tan siniestro. Joan Pinyol abre el librito y descubre que contiene distintas listas con los nombres y apellidos de las víctimas de la guerra que fueron trasladadas al gran mausoleo cercano a Madrid. Las listas también añaden la referencia nominal de los padres de las víctimas, la población de origen de las familias, su condición —mayoritariamente prisioneros— y el cuerpo del ejército al que está adscrito cada soldado. En ese momento le sobreviene la curiosidad de comprobar si aparece alguna víctima de su población, Capellades. Está tranquilo, porque sabe que su abuelo fue movilizado por el Ejército republicano, que se defendió del ataque de Franco, y está convencido de que los que se han trasladado al Valle de los caídos son los que lucharon al lado del dictador. Llega a la página 9 y encuentra los trasladados desde una de las fosas de Lleida, un total de 354. Repasa uno a uno los nombres y, en la página siguiente, descubre "Capellades" en la penúltima casilla. Comprueba el nombre de la víctima trasladada al Valle y se le hiela el corazón.

Colom Solé, Juan. Hijo de Antonio y de Rosa, Capellades (Barcelona). Prisionero.

Es su abuelo. El padre que su madre perdió a los 8 años. Un escalofrío recorre su cuerpo y en su mente se abren muchos interrogantes. Su abuelo, ¿trasladado al Valle de los caídos en el que yace el mismísimo Franco? ¡Pero si era republicano! Joan Pinyol intenta sobreponerse. ¡No puede ser! ¡Debe tratarse de un error! Además… ¿De dónde han sacado los datos? Él desconocía que existiese una lista de los enterrados en fosas del cementerio de Lleida. Ni tan siquiera imaginaba que dichos datos fuesen públicos. Prosigue indagando en la relación de trasladados desde dicho cementerio. No consta ninguno más de Capellades. En ese momento, piensa en su madre y en cómo podrá explicarle que su padre no está enterrado a casi cien kilómetros de Capellades, tal y como siempre han pensado, sino mucho más lejos, cerca de Madrid, en el mausoleo franquista más grande del mundo.

En esos instantes, tiene la sensación de que se encuentra ante uno de los hallazgos más tristes y crueles de su vida. Ante una de esas noticias que marcarán todos los días de su futuro. Una noticia que sacudirá a toda la familia y que cuestionará del todo la dictadura. Y, sobre todo, Joan siente que está ante unos hechos que nunca podrá compartir con su abuela Teresa, ni con su tío Joan Colom, hijo de su abuelo, que ha muerto el 6 de marzo de 2006, casi el mismo el día que su padre —aunque 67 años después—, convencido de que yacía en Lleida. ¡Cuánta tristeza y cuánta rabia!

Aún descompuesto, Joan Pinyol toma una decisión. En primer lugar, se ocupará de confirmar los hechos y de conocer todos los detalles de un traslado al Valle de los caídos que no se explica en modo alguno. Después de esto, compartirá con su madre el triste hallazgo. Con esta idea en mente, regresa al instituto.

Esa tarde lee el artículo de la revista y toda la información que contiene el suplemento. En su reportaje, Sílvia Marimon se refiere a los distintos episodios del final de la Guerra civil en Catalunya que llenaron de cuerpos las múltiples fosas y los pone en relación con una breve entrevista a la historiadora Queralt Solé. En una de sus respuestas, Solé comenta que Franco decide enterrar soldados y civiles republicanos en el Valle de los caídos con la intención de limpiar su imagen pública a nivel internacional, y que hay que tener en cuenta que la construcción del mausoleo se prolonga a lo largo de casi veinte años, de manera que cuando se inaugura el Valle en 1959 la situación, dentro y fuera de España, ha cambiado notablemente. Queralt Solé añade que, cuando se envía la documentación a los ayuntamientos a fin de que los alcaldes confirmen la aceptación del traslado de los cuerpos de los vencedores de la contienda, numerosos consistorios responden que no disponen en sus términos municipales de héroes y mártires de la Cruzada. En cambio, sí disponen de restos de los soldados republicanos que, además, dificultan las reformas previstas en muchos cementerios municipales y que numerosos agricultores no pueden cultivar la tierra porque los campos están llenos de restos de combatientes perdedores de la guerra.

Joan Pinyol no da crédito a lo que está leyendo y se siente cada vez más sorprendido. Tampoco consigue establecer una relación entre estos hechos y su abuelo Joan. Es entonces cuando decide leer la introducción del suplemento.

Una vez concluido el conflicto bélico, Franco idea un proyecto colosal para el beneficio de los que han caído luchando a su lado. En 1940, acompañado por un general, el dictador busca un lugar idóneo para materializar su proyecto. Recorren el llamado Alto del León, bajan por la sierra de Guadarrama, y encontrándose en la carretera que conduce a El Escorial, descubren una hondonada de la que sobresale el Risco de la Nava, en la zona conocida como Pinar de Cuelgamuros. Una vez en esa montaña rocosa, situada a cuarenta y ocho kilómetros de Madrid, y con unos delirios de grandeza propios de un faraón, Franco alberga la intención de construir una obra inmortal con el referente, a escasos kilómetros, del monasterio de San Lorenzo del Escorial de Felipe ii, proyectando así una basílica subterránea que acaba siendo de mayor tamaño incluso que la papal de San Pedro en el Vaticano, Roma.

El proyecto se publica mediante un decreto del gobierno franquista el 1 de abril de 1940, justo un año después de la victoria contra la República y en plena invasión nazi en Europa. El texto subraya la voluntad de dar forma a una obra que ha que poseer la grandeza de los monumentos antiguos, superando a los que ya se alzan en pueblos y ciudades para perpetuar la memoria de los caídos del bando de Franco.

En un principio, la fecha para la finalización del llamado "Templo grandioso de nuestros muertos en que por los siglos se ruegue por los que cayeron en el camino de Dios y de la Patria" se fija para el 1 de abril de 1941. No obstante, la construcción a pico y pala se ve interrumpida continuamente a causa de los caprichos y las modificaciones impuestas por el dictador, prolongándose esta durante casi veinte años. En la megalómana obra se obliga a trabajar, en unas condiciones durísimas, a más de diez mil republicanos, que son sacados a la fuerza de los campos de concentración y de las prisiones franquistas y son trasladados a Cuelgamuros sin contemplaciones. Todos ellos excavan doscientos mil metros cúbicos de roca de granito y consiguen perforar en la roca una basílica de doscientos sesenta y dos metros de largo. También se lleva a cabo la construcción del monasterio y de una carretera de acceso. En plena posguerra, en un país que sufría hambre, miseria y represión, y que tenía las infraestructuras aún devastadas por la guerra, el coste final de la obra alcanza una cifra estratosférica de centenares de millones de euros.

Mientras se hace a la idea de todos los detalles de este proyecto descomunal, Joan Pinyol sigue sin entender la razón, o la sinrazón, por la que se encuentra en aquel lugar el cuerpo de su abuelo. La República moviliza a Joan Colom Solé al final de la guerra en defensa del gobierno legítimo, aunque tenga ya 40 años y tres hijos a su cargo. La introducción del suplemento que lee Joan sigue arrojando luz sobre las numerosas sombras del pasado.

El 30 de diciembre de 1957, menos de un año y medio antes de la inauguración del Valle de los caídos, el Consejo de obras del monumento hace referencia a un futuro traslado de cuerpos al mausoleo, especificando que la Guardia Civil tiene que documentar "las relaciones de los muertos y asesinados en las distintas localidades, para que en el momento oportuno se conozca el número y un informe referente a los deseos de los familiares acerca del traslado de dichos restos". Sin duda, se trata de una llamada dirigida exclusivamente a las familias de las víctimas del bando franquista, es decir, a sus caídos. Por lo tanto, nada tiene que ver con todo ello el abuelo de Joan Pinyol. Aun así, y a lo largo de las dos décadas de construcción del mausoleo se produce un giro inesperado. Los familiares de los "Héroes y Mártires de la Cruzada", que tienen a sus seres queridos perfectamente venerados y homenajeados en los distintos monumentos erigidos a lo largo y ancho de la totalidad del territorio español, no aceptan de forma mayoritaria los traslados propuestos por el gobierno de Franco a Cuelgamuros, sobre todo porque ya han transcurrido muchos años después de la muerte de sus seres queridos. Ante esta situación, la dictadura de Franco tiene un problema. Tras haber invertido cantidades ingentes de dinero en el mausoleo para albergar miles de cuerpos, el Régimen no dispone de víctimas suficientes y se encuentra a las puertas de un ridículo de una magnitud igual o superior al monumento. Hay tensiones y discusiones en el seno del gobierno y, finalmente, para evitar dicho ridículo, se toma una decisión tan singular como macabra. También serán trasladados al Valle de los caídos los restos de los soldados y civiles represaliados republicanos, los llamados "rojos", inhumados en su día en fosas comunes como la del cementerio de Lleida. Las dictaduras son así. Hacen y deshacen a su antojo, a costa de los vivos y también de los muertos.

La revista ofrece a Joan Pinyol más informaciones relevantes. Una vez tomada la decisión de los traslados de los republicanos, en concreto el 23 de mayo de 1958, el Ministerio de la gobernación envía una circular dirigida a los gobernadores civiles con instrucciones precisas para la localización de enterramientos en las distintas provincias, tanto si estos se hallan en el interior de cementerios como en los campos, pozos y simas de los términos municipales de las poblaciones. El 7 de junio, el *Boletín oficial de la Provincia de Barcelona* publica otra circular dirigida a los familiares de las víctimas en que enuncia que serán trasladados al Monumento nacional de los caídos en el Valle de Cuelgamuros "los que fueron sacrificados por Dios y por España y a cuantos cayeron en nuestra Cruzada, sin distinción del campo en que combatieron". Y añade dos requisitos indispensables, que sean de nacionalidad española y de religión católica. La circular concluye con un llamamiento a los parientes de personas en quienes concurran dichas circunstancias para que manifiesten en el plazo de quince días si desean o consiente que los restos de sus familiares sean trasladados a los osarios del Valle de los caídos.

La familia de Joan Pinyol jamás tiene noticia de este llamamiento. La publicación en ese boletín en plena dictadura es solo una manera de cubrir el expediente a espaldas de las familias de las víctimas republicanas. Teniendo en cuenta que la convocatoria no obtiene respuesta alguna, se hace necesaria una segunda circular, de fecha 31 de octubre de 1958, con indicaciones todavía más precisas.

En esta ocasión se requieren además los nombres y apellidos de los muertos, su fecha de nacimiento, la población de origen, el nombre de los padres, la fecha de la muerte y si la causa de la defunción es o no la guerra. Desde el Gobierno civil de Lleida se reclama información a la casi totalidad de los municipios en relación con la existencia de fosas comunes en cada población, obteniéndose respuesta de la mayoría. En febrero de 1959, se dan nuevas instrucciones a las familias que desean recuperar los restos de sus seres queridos, pero que, sin embargo, se niegan a su traslado al Valle de los caídos. En este caso, se indica que serán avisadas del día y hora en el que tendrán lugar las exhumaciones para que, en el caso de estar identificados, puedan recuperar los cuerpos de los suyos y hacerse cargo de una nueva inhumación.

Mientras se percata del quid de la cuestión en lo referente a la operación del traslado de cuerpos de las distintas fosas al Valle de los caídos, a Joan Pinyol le surge la duda de si, en algún momento, la información sobre estos traslados llegó al Ayuntamiento de Capellades o al de Igualada, capital de la comarca y si, en el caso de que dicha información no hubiese salido de Lleida, alguien tuvo la posibilidad de avisar a su familia.

Finalmente, el 1 de abril de 1959, en la conmemoración del veinte aniversario de la victoria franquista en la Guerra civil, tiene lugar la inauguración oficial del Valle de los caídos. Hasta ese día han sido trasladadas e inhumadas en la basílica diez mil de personas, en su mayoría soldados de los dos ejércitos, todos bajo el epígrafe "Caídos por Dios y por España 1936-1939 RIP". Todo ello, con la única intención manifiesta de que el monumento no quede vacío.

El suplemento de la edición de la revista *Sàpiens* que tiene en sus manos Joan también indica que, con anterioridad a la inauguración de la basílica, ya fueron llevadas al Valle de los caídos cuatro cajas individuales y cinco colectivas procedentes de Lleida, con un total de setenta y siete restos óseos en su interior. Si hubo tantos miramientos respecto a las familias, Joan Pinyol está convencido de que el cuerpo de su abuelo no pudo haber sido trasladado en una de esas cajas. Dado que aún se mantienen algunos interrogantes sobre estos hechos, el nieto de Joan Colom continúa su investigación por otros medios.

En primer lugar, envía un correo a Jordi Creus, director de *Sàpiens*. Además de compartir con él la desagradable sorpresa de haber descubierto la referencia de su abuelo en la lista de los trasladados desde Lleida, le pide el contacto de Sílvia Marimon y de Queralt Solé para tratar de averiguar dónde han hallado las informaciones que publica la revista. La respuesta de Creus no tarda en llegar. Joan Pinyol solicita entonces a la periodista y a la historiadora toda la información de la que disponen en relación con su abuelo Joan. Queralt se apresura a contestarle. Le cuenta que el suplemento que ha aparecido junto con la nueva edición de *Sàpiens* es la separata de un libro que acaba de publicar la editorial Afers titulado *Els morts clandestins. Les fosses comunes de la Guerra Civil a Catalunya (1936-1939). [Los muertos clandestinos. Las fosas comunes de la Guerra Civil en Catalunya]*, en el que se detalla el traslado de cuerpos desde el cementerio de Lleida. Es el caso de su abuelo, trasladado el 21 de julio de 1965. A continuación, Solé le aclara que los datos concernientes a su familia han sido extraídos de la combinación del listado de las víctimas provenientes del Campo de prisioneros de La Seu Vella y el listado perteneciente al cementerio de Lleida. Y que una vez combinadas, las dos listas viajan también al Valle de los caídos, como documentación complementaria, junto con los cuerpos.

Joan Pinyol continúa muy sorprendido. Primero, quiere comprobar si el Ayuntamiento de Capellades recibió en su día alguna notificación relativa al traslado de los cuerpos desde Lleida al Valle. Tiene la fundada sospecha de que al haber sido notificado el consistorio en plena dictadura, dicha información podría haber sido intencionadamente guardada en un cajón de cualquier despacho municipal. Igualmente, Joan se marca el propósito de averiguar en qué lugar exacto del inmenso mausoleo yace el cuerpo de su abuelo y de acceder a todos los registros de inhumaciones posibles que puedan contener los datos del padre de su madre. Llegados a este punto, Pinyol reconoce que es el momento, por muy doloroso que ello le resulte, de comunicar la noticia a su madre. Aprovecha un día que va a visitarla a su casa para comer con ella y decide explicarle los hechos sin tapujos a los postres.

— *Madre, tengo que explicarte una cosa que no te va a gustar nada, pero que tienes que saber, porque está relacionada con tu querido padre. Su cuerpo no está enterrado en Lleida. Hace unos años lo sacaron de allí para llevarlo al Valle de los caídos.*

—*Pero... ¡qué me estás contando!* —exclama Laura Colom dominada por un gran desconcierto.

Seguidamente, la agria sorpresa se convierte en lágrimas desconsoladas. Entonces, Joan Pinyol le detalla el modo en el que ha tenido acceso a estos hechos. Y en el intento de apaciguar el dolor de su madre, se apresura a añadir que está en contacto directo con los responsables de *Sàpiens* para tener acceso a toda la información, y aprovecha para mostrarle el suplemento de la revista donde ha encontrado la referencia directa sobre su abuelo y el resto de las informaciones. Lo que en esos instantes siente Laura Colom son una rabia y una impotencia infinitas:

—*¡Justamente allí se lo llevaron! ¿Al lado del dictador? ¿Por qué, Joan?*

Su hijo trata de tranquilizarla y, con la voz rota por las circunstancias, le promete que intentará saber todo lo que pasó y que a partir de ese momento hará lo imposible para recuperar el cuerpo de su abuelo y enterrarlo en Capellades, junto a su abuela. Laura Colom recuerda precisamente a su madre y le embarga la tristeza de pensar que dejó esta vida convencida de que su marido yacía en Lleida. También se acuerda de su hermano Joan, que murió dos años antes. El golpe que recibe su alma es inmenso. La pena, infinita. La herida de perder el padre a tan temprana edad se reabre ahora con este agravio añadido de una forma totalmente inesperada. La vida ha puesto muchas veces a prueba a Laura Colom. Casi al límite de lo que puede soportar una persona. Perdió a su marido, el padre de Pinyol, el 14 de febrero de 1966, a los 39 años, tras tan solo diez años de matrimonio. Tenían una hija de nueve años y medio, también llamada Laura, y el segundo hijo que esperaban aún no había nacido. Solo faltaban trece días para el nacimiento de Joan Pinyol, el 27 de febrero de 1966. Ahora, ese hijo póstumo acaba de descubrir una historia muy triste relacionada con el padre de Laura Colom que la ha retrotraído de nuevo al dolor que había quedado solo un poco apaciguado por el paso del tiempo. Aun así, Laura ve que su hijo Joan, que se llama igual que su difunto esposo de nombre y los dos apellidos, está dispuesto a resolver el agravio del traslado de su padre al Valle de los caídos. Sabe que su hijo es terco y que no cesará de luchar hasta que lo consiga. Por eso se aferra más que nunca a la esperanza de comprobar cómo acabará esa lucha, la de si Joan se saldrá con la suya y hará posible que su padre algún día descanse en paz y para siempre en Capellades, o si se tratará de una pena más que tendrá que soportar su corazón.

Joan está decidido a luchar en diferentes frentes y, desde la rabia y el dolor que también siente, se marca tres objetivos. El primero es el que da sentido y razón a los demás, cumplir la promesa que ha hecho a su madre de sacar a su abuelo del Valle de los caídos y enterrarlo dignamente en Capellades, junto a su esposa Teresa. En ese momento el nieto llega a la conclusión de que, si la dictadura pudo llevárselo de Lleida, él también puede devolverlo a Catalunya, si es necesario, bajo el amparo de la Ley de memoria histórica que el gobierno socialista de Rodríguez Zapatero ha aprobado el año pasado, en 2007.

El segundo objetivo es saber cuanto antes todo lo que le ocurrió a su abuelo durante la guerra, así como conocer las circunstancias de la profanación de la fosa común de Lleida donde yacía y del posterior traslado al Valle de los caídos.

Por último, el tercer objetivo consiste en dar a conocer los hechos a cuantas más personas mejor para remover la conciencia de la sociedad. Joan es consciente de que detrás de cada nombre de las víctimas que se exhumaron hay una familia que lo más probable es que desconozca los hechos. Por ello, está decidido a dar la máxima difusión de sus hallazgos por todos los medios posibles.

Así, Joan empieza por lo que tiene más a su alcance: el archivo familiar. Pregunta a su madre si dispone de alguna fotografía o de algún documento que pueda aportarle información relevante en relación con el tiempo en el que su abuelo estuvo movilizado. Y, he aquí, que la suerte le sonríe. Su madre es de las personas más sensibles del mundo y cuando, en 1977, tras la muerte de Teresa Comabella, esposa de Joan Colom, sus tres hijos se repartieron el legado, la madre de Pinyol quiso salvaguardar las cartas que su padre le había escrito a su madre durante la guerra. Acto seguido, Laura se levanta de la silla, se dirige a su habitación, y vuelve con un sobre en la mano:

—*Estas son las cartas que mi padre escribió cuando estaba en la guerra.*

Antes de despedirse, madre e hijo acuerdan que será ella la que comunique la triste noticia al resto de la familia y que también preguntará si alguno de los descendientes de Joan y de Teresa tienen más documentación sobre su padre.

Iniciamos el camino

La lucha de Joan Pinyol avanza. Con divisiones que ganan terreno en varios frentes. Con una clara desigualdad de fuerzas ante un enemigo poderoso, que no es otro que la verdad oculta dentro de un olvido institucional impuesto, pero eso sí, que avanza con una gran determinación de no ceder nunca ni un palmo de terreno hasta alcanzar todos los objetivos marcados. Se enfrenta al olvido de la historia de su abuelo, se enfrenta a una dictadura que en su día hizo y deshizo todo a su antojo en contra de la dignidad de muchas personas y, además, combate el desconocimiento generalizado de los hechos que tuvieron lugar tras la guerra.

En primer lugar, Joan lee con mucha atención las cartas de su abuelo y reconstruye su periplo desde que el Ejército popular lo moviliza el 18 de octubre de 1938 hasta que muere en Lleida el 5 de marzo de 1939. En casa de sus abuelos, Joan Pinyol obtiene el documento oficial del llamamiento a filas por parte del Ayuntamiento de Capellades. En el dorso, el nieto de Joan Colom Solé descubre unas operaciones matemáticas. También ojea algunas fotografías, como la de su abuelo durante el servicio militar como soldado de la Quinta de 1919. Y realiza unas cuantas consultas en el Archivo Histórico Comarcal de Igualada —capital de la comarca— con la intención de verificar si en su día llegó notificación alguna de los traslados de cuerpos al Valle de los caídos. Entre la documentación de la época, descubre distintas peticiones de información de los gobernadores civiles dirigidas a los alcaldes de cada municipio del Anoia en relación con la posible existencia de fosas comunes como consecuencia de la guerra. La gran mayoría de los responsables provinciales de la dictadura contestan con una negativa, y tan solo un par de alcaldes, de las poblaciones de Veciana y Argençola, afirman tener fosas comunes en sus términos municipales, añadiendo que ningún familiar desea que los cuerpos sean trasladados al Valle. Lo que no encuentra Joan, en ningún caso, es la respuesta del alcalde de Capellades, tampoco información relacionada con su abuelo ni con el traslado de sus restos.

Posteriormente, Joan Pinyol envía distintos correos electrónicos al Departamento de Interior de la Generalitat de Catalunya, concretamente a Relaciones institucionales y participación, al Servicio de archivos, estudios e información de la Diputación de Lleida, al Servicio de archivo y legados del Instituto de estudios ilerdenses, al Archivo municipal de Lleida, y a Amnistía internacional Catalunya, para indagar si disponen de más información que le permita reconstruir los traslados. Dichos organismos le responden de manera muy distinta. En un caso, le redirigen a la Dirección general de Memoria democrática y a la Asociación para la recuperación de la Memoria histórica de Catalunya. Desde otra instancia de Lleida, tras demandar información sobre la ubicación del registro de defunciones propias del Hospital militar de la ciudad, le comunican que no se ha conservado la documentación correspondiente al registro de entradas y salidas de dicho hospital.

Asimismo, se pone en contacto con Joaquim Aloy, de Manresa, responsable de un portal de páginas web dedicado a la Memoria histórica. Pinyol le relata lo que hasta el momento ha descubierto en relación con su abuelo, y Aloy comparte con el primero la sorpresa que han tenido igualmente en Manresa al comprobar que, en el libro publicado por Queralt Solé, -que contiene los listados de los trasladados-, en la misma página en la que aparece su abuelo, figura también Enric Bosch, tío del mismo Joaquim Aloy. El de Manresa explica a Joan que el hermano de su madre murió prisionero en La Seu Vella de Lleida y que, antes de que lo inhumaran en fosa común, su familia tuvo ocasión de recuperar su cuerpo para enterrarlo posteriormente en el cementerio municipal de Manresa. Una vez compartida esta historia —con el alma entristecida de solo pensar lo que le sucedió a su abuelo—, el de Manresa ofrece a Pinyol distintas fuentes de información que detallan la realidad que vivieron los republicanos en el Campo de prisioneros de Lleida, aconsejándole que se desplace hasta el Archivo municipal de Lleida para consultar el listado de víctimas republicanas enterradas en el cementerio de la ciudad. Asimismo, Aloy le aconseja que investigue la documentación del gobierno municipal sobre los traslados que contiene el Archivo histórico provincial de Lleida.

Pinyol está decidido a desplazarse a esa ciudad. Pero antes, compra el libro de Queralt Solé y lo lee de un tirón, con un interés irrefrenable. Sobre todo, se centra en los apartados referentes a los traslados de cuerpos al Valle de los caídos. De este modo, obtiene constancia del total de cuerpos que, junto al de su abuelo, fueron exhumados en Lleida el 21 de julio de 1965. La cifra total de restos cadavéricos asciende a 502, trasladados en 70 urnas colectivas, tal como refleja un telegrama que el entonces gobernador civil de Lleida envía al consejero delegado gerente de Patrimonio nacional. Dicho documento, con fecha de 19 de julio de 1965, se encuentra en el fondo del gobierno civil del Arxivo histórico de Lleida. El libro de Queralt Solé contiene además numerosos listados de víctimas trasladadas al Valle de los caídos desde Lleida. En la página 489, aparece Joan Colom Solé.

Entre otras informaciones se explica de qué manera los monjes del Valle recibían las cajas llenas de cuerpos, les dedicaban una oración, anotando a continuación los distintos datos y referencias de cada caja en los Libros de registro de inhumaciones del Valle. Se especifican los nombres y apellidos de cada víctima, también los de sus padres, la profesión, la fecha de nacimiento y las circunstancias de la muerte, así como el lugar de procedencia y el día en el que fue inhumada cada persona. En los tres tomos de los Libros de registro de inhumaciones se llegan a registrar un total de 33.833 personas, de las que 20.000 están identificadas, apareciendo el resto como "desconocidas". Pero aún hay más. Según Anselmo Álvarez, último abad del Valle, el número de cuerpos enterrados podría acercarse a los 60.000 si se tiene en cuenta la gran cifra de restos no identificados que llegan al Valle y la tipología y metodología de las exhumaciones practicadas. Y Pinyol da con más datos. En el Valle de los caídos se llegan a inhumar un total de 11.000 cajas, entre colectivas e individuales. Además, ironía del destino, los libros de inhumaciones de la basílica son elaborados, ni más ni menos, que con papel fabricado en Capellades, el pueblo de origen de Joan Colom y de Joan Pinyol.

Unos días después de conocer estos datos, Joan recibe un correo electrónico del director de la revista *Sàpiens*, en el que le propone realizar un pequeño reportaje a propósito de la historia de su abuelo para la edición de julio. El nieto de Joan Colom se muestra receptivo, tras ganar conciencia de que ha llegado la hora de sacar estos hechos a la luz pública. Y es que este es el tercer objetivo que Joan se propone cuando descubre lo que ha sucedido con su abuelo. El 18 de mayo de 2008, se encuentra con la periodista Sílvia Marimon y con el fotógrafo Dani Codina en el Centro de cultura contemporánea de Barcelona. Joan Pinyol, desde la indignación por lo que va descubriendo día tras día, les muestra las cartas y las fotografías de su abuelo que ha podido reunir hasta la fecha.

El 9 de junio, el nieto de Joan Colom se cita con Queralt Solé en el patio de la Casa de la Caritat, en Barcelona. La historiadora le explica de nuevo de dónde ha extraído la información y le aconseja consultar los archivos de Lleida. Durante la conversación, ella se muestra escéptica sobre las posibilidades de exhumar a los enterrados en secreto y sin autorización de sus familias del Valle de los caídos. Pero nada desanima a Joan. Todo lo contrario. Se siente aún más dispuesto a remover cielo y tierra para conseguir sus tres objetivos. Queralt Solé también le da a conocer el caso de Fausto Canales, un abulense residente en Madrid que hace más de diez años que lucha para recuperar el cuerpo de su padre, Valérico Canales, inhumado en el Valle sin el consentimiento familiar. Antes de despedirse, la historiadora le facilita el correo electrónico de Fausto.

Días más tarde, Pinyol recibe un correo electrónico de Joan Herrera, diputado adscrito al grupo parlamentario d'Esquerra republicana de Catalunya, Izquierda unida i Iniciativa per-Catalunya Verds en el Congreso de los diputados. Le explica que, una vez que ha conocido su historia y su lucha, está dispuesto a presentar una Proposición no de ley (PNL) para solicitar al gobierno español que facilite la recuperación de las víctimas republicanas enterradas en el Valle de los caídos. Joan Pinyol le agradece enormemente este gesto. Dicha PNL, firmada por Joan Herrera y Gaspar Llamazares —portavoz adjunto del grupo parlamentario—, se presenta en el registro del Congreso de los diputados el 30 de junio de 2008 y, sobre la base del caso de Joan Colom Solé, insta al gobierno español a elaborar, en el plazo de seis meses, un censo de las personas que se encuentran enterradas en el Valle de los caídos, a comunicar dicho censo a los familiares, y a facilitar los traslados de estos cuerpos hasta los lugares que designen las familias.

Tras leer el texto de la Proposición no de ley, Joan siente una mezcla de entusiasmo y de respeto. Desconoce hasta dónde llegará su lucha, pero que el nombre de su abuelo Joan adquiera esa proyección en la cámara española en representación de miles de víctimas, constituye ya de por sí una auténtica victoria moral para su causa. Una victoria simbólica que le da todos los ánimos posibles para proseguir en su lucha por recuperar a su abuelo.

A finales de junio de 2008, se publica el número 69 de *Sàpiens* correspondiente al mes de julio. En su portada aparece una fotografía en que Joan Pinyol sostiene un retrato de su abuelo junto al titular en catalán "Vull treure el meu avi del Valle de los Caídos" [¡Quiero sacar a mi abuelo del Valle de los caídos!]. El mismo titular inicia el reportaje de las páginas 10 y 11, en el que Pinyol afirma que siente una rabia absoluta por el hecho de que a su abuelo le quitaran la vida —como si ello no fuera suficiente agravio como para odiar a sus asesinos— y porque años más tarde la dictadura profanara su descanso eterno con total impunidad.

En los primeros correos electrónicos que se intercambian Joan Pinyol y Fausto Canales se pone de manifiesto la total determinación de ambos para alcanzar los objetivos que comparten. Hace 10 años que Fausto lucha para sacar a su padre del Valle de los caídos. Se trata de Valérico Canales Jorge, natural de Pajares de Adaja, en Ávila. Fausto también persigue la exhumación de su tío, Fidel Victorino Canales, muerto en el frente de batalla y enterrado en un primer momento en el cementerio de Griñón, una población cercana a Madrid. Posteriormente, tanto uno como otro son trasladados al Valle, al igual que Joan Colom, sin el consentimiento de sus respectivas familias.

Fausto le detalla los trámites que ha llevado a cabo a lo largo de la última década, informándole de que está en contacto permanente con otras familias de la provincia de Ávila que se encuentran en su misma situación y que tienen relación directa con la Asociación para la recuperación de la Memoria histórica de Valladolid (ARMHV). En este sentido, anima a Joan Pinyol a que se añada al grupo de familiares y el catalán no lo duda ni un instante, desde el convencimiento que resulta crucial sumar complicidades con otras personas que sufren el mismo agravio, sobre todo tras comprobar que hasta la fecha ninguna familia catalana ha hecho nada para remediar los hechos.

Transcurrido el verano, la investigación de Pinyol continúa en el Archivo histórico provincial de Lleida. El de Capellades se desplaza allí con la intención de certificar todos los datos obtenidos hasta ese momento. El personal que trabaja en dicho archivo, con el que ha contactado previamente, le recibe y le atiende muy amablemente, facilitándole todos los documentos que solicita. Ese día, su mesa de trabajo está repleta de archivos relacionados con la exhumación de la fosa común en la que yació su abuelo hasta 1965.

El paso de las horas le revela numerosas sorpresas que Pinyol va anotando en una libreta. Una vez consultada la circular remitida por el Ministerio de la gobernación en 1958 y, tras leer el llamamiento a los familiares de los caídos en el bando franquista en que se detalla la propuesta de traslado de cuerpos al Valle de los caídos, Joan descubre también una carta enviada desde Lleida dirigida al gobernador civil y firmada por "familiares de caídos gloriosamente por Dios y por España", sobre "los restos que reposan en el Mausoleo erigido para los mismos en el cementerio de esta ciudad". En esta carta, las familias de los caídos en el bando de Franco manifiestan su total oposición al traslado de sus familiares, afirmando que Lleida guarda sus restos en un magnífico mausoleo, y proponiendo que, en su lugar, se extraiga una porción de tierra de la fosa para ser enviada al Valle junto con un listado de los nombres y apellidos de los "mártires de la Cruzada", pero sin tocar los cuerpos.

Joan siente una absoluta indignación por el hecho de que unas familias sí pudieran intervenir en el destino de unos cuerpos y otras, como la suya, no. En la documentación que tiene entre manos también encuentra algunos consentimientos a los traslados. Y, finalmente, da con documentos relativos a los traslados realizados en

1965. El primero de ellos es una relación nominal de los 502 cuerpos de soldados que yacían en una fosa común del cementerio de Lleida, cuya llegada al Valle de los caídos estaba prevista para el 21 de julio de 1965. En los listados consta el número de columbario o caja en el que se traslada cada cuerpo, con un total de ocho cuerpos por caja. También se recoge la vinculación de los restos al Regimiento transmisiones Palencia 1ª Compañía, su condición —la mayoría son prisioneros—, y el número de referencia asociado a cada nombre. Pinyol repasa el listado, encontrando una anotación según la cual, su abuelo Joan habría sido trasladado a Cuelgamuros en el columbario 9207 junto con otros siete cuerpos que también constan como identificados. Una vez inscritos en el correspondiente tomo de los "Libros de registro de inhumaciones", los columbarios procedentes de Lleida son inhumados en el "piso 1º, Cripta Izquierda del Altar Mayor de la Basílica del Valle".

A continuación, Joan abre la carpeta en la que se reflejan los gastos generados por las exhumaciones y el traslado de cuerpos. Con fecha de 10 de diciembre de 1966 la cifra total alcanza 75.080 pesetas, contemplándose diferentes partidas, entre las que se encuentra el coste de la elaboración de 70 cajas a cargo de la empresa La Leridana S.A. Servicio municipalizado de pompas fúnebres. Asimismo, figuran el coste generado por el viaje en camión por la Agencia de Transportes Segura, el coste de los trabajos de exhumación de los 502 cuerpos, incluyendo los nombres y apellidos de los operarios del cementerio que vacían la fosa, e incluso la factura de los refrescos que dichos operarios consumen tras los trabajos de exhumación en el bar la Granja de Lleida.

El de Capellades concluye que la dictadura registra todo minuciosamente, pero que, sin embargo, obvia lo más importante, esto es, dar a conocer los traslados de los restos mortales a las familias directamente afectadas y solicitar su consentimiento. En ese momento, Joan tiene ante sus ojos las 502 fichas individuales de los exhumados en Lleida. Tienen el tamaño de un folio y vienen precedidas por una nota de Fernando Fuertes de Villavicencio, consejero delegado del Valle, con fecha 14 de octubre, dirigida al gobernador civil de Lleida. En dicha nota se indica que las fichas deben ser entregadas a los familiares más próximos una vez concluida la operación. Pero la entrega nunca tiene lugar.

Con la ficha de su abuelo en la mano, Pinyol se pregunta por qué jamás le llegó a su familia. A continuación, Joan da con una carta del gobernador civil de Lleida, enviada el 21 de octubre de 1965 al gobernador militar, en la que se solicita información sobre el domicilio de "los familiares más directos de los mismos, en caso de ser conocidos, para hacer la entrega de los respectivos documentos". El nieto de Joan Colom también encuentra la respuesta del gobernador militar, de 10 de noviembre, que incluye una relación del "personal fallecido que fue enterrado en el Cementerio de Lérida" que contiene una referencia concreta del lugar de residencia de los familiares. En el número 63 de dicha lista figuran los siguientes datos:

Nombre y apellidos: Juan Colom Solé
Pueblo y provincia: Capellades (Barcelona)
Nombre de los padres: Antonio y Rosa

Que las 502 fichas de los trasladados en 1965, entre otras la del abuelo de Pinyol, se encuentren aún en Lleida es la prueba irrefutable de que las autoridades de la dictadura jamás tuvieron ni el más mínimo interés en dar a conocer el traslado de los cuerpos a las familias más directamente afectadas. Es indudable que se ocultan los traslados de forma expresa.

Tras consultar también los fondos de la Biblioteca de Lleida en busca de más información relativa al Campo de prisioneros donde murió su abuelo, Joan Pinyol regresa a Capellades con una profunda tristeza y con una agria sensación de impotencia.

El 8 de septiembre de ese 2008, Joan envía una carta a Patrimonio nacional, entidad que gestiona el Valle de los caídos, en la que solicita la información necesaria para conseguir exhumar a su abuelo del Valle. Un mes después, recibe respuesta de un consejero técnico en sustitución del delegado Manuel Terrón Bermúdez, confirmándole que el traslado del cuerpo de su abuelo se realizó en un columbario desde Lleida junto con los restos de siete personas más, y le remite un nuevo certificado de enterramiento. La respuesta añade que desde Patrimonio no pueden hacer nada más porque su cometido se limita únicamente a tramitar dichos certificados. Así concluye la respuesta: "También comunicarle que desde mediados de los ochenta no se llevan a cabo inhumaciones ni exhumaciones".

Esta última afirmación le crea expectativas a Joan porque constata que existe un precedente de exhumaciones en el Valle de los caídos. A continuación, repasa el certificado y lo compara con la copia de la ficha que obtuvo hace unos días en el Archivo de Lleida. La coincidencia de datos es casi absoluta. Nombre y apellidos, fecha de inhumación, número de columbario, lugar de procedencia… La única diferencia entre los dos documentos se encuentra en el nombre de la cripta en la que se encuentra el cuerpo. En lugar de "piso 1º Cripta Izquierda" que consta en la ficha de 1965, en el certificado que acaba de recibir por parte de Patrimonio, consta "Cripta C. Pilar Piso 1º". En ese momento, y pensando que pueda tratarse de una nueva denominación de la cripta en la que se inhuma el cuerpo de su abuelo en 1965, Joan no da importancia alguna a esta discordancia.

Invitado por la revista *Sàpiens*, el 7 de octubre de 2008, Joan Pinyol participa en un acto en el Museo de Historia de Catalunya dedicado a las víctimas de la Guerra civil enterradas en fosas comunes. También participa Josep Cruanyes, abogado y miembro de la Comisión de la dignidad, quien le anima a reclamar oficialmente un cambio de cementerio amparándose en la Ley de memoria histórica, desde un cementerio de la comunidad de Madrid a un cementerio de la provincia de Barcelona.

Por esas mismas fechas, se da a conocer la investigación del juez Baltasar Garzón, magistrado de la Audiencia nacional, sobre las víctimas de la guerra desaparecidas y enterradas en fosas a partir del 18 de julio de 1936. El juez prepara un auto que obligará al Estado español y a la Conferencia episcopal a catalogar todas las fosas existentes, incluida la del Valle de los caídos. Entre otras actuaciones, Garzón ordena la exhumación de los cuerpos procedentes de Pajares de Adaja, que se hallan en la caja número 198, situada en el primer piso de la capilla del Sepulcro, que contiene los restos del padre de Fausto Canales. También aprueba la exhumación de una caja individual situada en la capilla de Nuestra señora de África, una de las capillas laterales de la nave central, que alberga los restos del tío de Fausto.

A finales de octubre, Joan Pinyol envía una carta a Baltasar Garzón en la que le informa de su lucha por recuperar los restos de su abuelo y le adjunta la PNL que en su día presentó en el Congreso de los diputados el grupo parlamentario de Iniciativa per Catalunya-Verds. Asimismo, Joan le formula la pregunta de a qué organismos tiene que dirigirse para formalizar una petición oficial de exhumación del cuerpo de su abuelo, indagando además sobre hasta qué punto la Ley de memoria histórica puede amparar su anhelo y, qué pasos resultarían necesarios en el caso de que la vía administrativa no ofrezca una solución a su petición, esto es, para acceder a la vía judicial.

Días después, Joan Pinyol remite contestación a la carta de Patrimonio nacional, indicando que, de acuerdo con la "Ley de la Memoria Histórica o Ley 52/2007, de 26 de diciembre, por la que se reconocen y amplían derechos y se establecen medidas a favor de quienes padecieron persecución o violencia durante la Guerra Civil y la dictadura", el Valle de los caídos se tiene que regir como lugar de culto y como cementerio público, requiriendo a Patrimonio nacional para que le informe sobre las gestiones necesarias para poder exhumar los restos de su abuelo y trasladarlos al cementerio de Capellades. Ese mismo día, Joan tramita ante la Audiencia nacional una demanda administrativa oficial de exhumación del cuerpo de su abuelo. Lo hace con la firme convicción de que no piensa descartar ninguna vía para conseguir su propósito.

En 2009, Joan Pinyol participa en el reportaje televisivo de investigación "Franco: Operación Caídos" de Antena 3, que conduce el periodista Fernando González, también conocido como *Gonzo*. El equipo del programa se desplaza a Capellades para entrevistar a Joan Pinyol en el cementerio en el que este desea que repose su abuelo. El documental se emite en Antena 3 el 28 de enero a una hora intempestiva de la madrugada que merma notablemente la audiencia.

En plena polémica y con la oposición generada por la decisión del juez Garzón en pro de los familiares de las víctimas de la guerra, la Audiencia nacional indica a las familias que, en caso de querer solicitar las exhumaciones de sus deudos, estas deberán hacerlo a través de los juzgados correspondientes.

El 1 de febrero, Joan Pinyol presenta su petición de exhumación ante el Juzgado de primera instancia-instrucción número 1 de San Lorenzo de El Escorial, por ser este el juzgado competente en el caso del Valle de los caídos. La solicitud que tramita incluye toda la documentación relacionada con su abuelo reunida hasta la fecha, así como las cartas recibidas de Patrimonio nacional. Mientras aguarda una respuesta, se publica la querella interpuesta contra Baltasar Garzón, que da lugar de forma inmediata a su inhabilitación como magistrado de la Audiencia nacional.

Finalmente, el 29 de septiembre, Joan Pinyol recibe una interlocutoria oficial enviada desde el Juzgado de primera instancia-instrucción número 3 de San Lorenzo de El Escorial, en la que se le notifica que se deniega la solicitud de exhumación del Valle de los caídos del cuerpo de su abuelo, archivándose la causa con la motivación de la no existencia de un protocolo de actuación científica que asegure la adecuada intervención de las exhumaciones por parte del gobierno. Desde la decepción más absoluta, Pinyol tiene muy claro que le deniegan la tan deseada exhumación de su abuelo tan solo porque el gobierno español no ha establecido la manera de llevarla a cabo. No da crédito a la motivación.

Al día siguiente, el 30 de septiembre de 2009, el Congreso de los diputados debate la "proposición no de ley sobre la devolución a sus familiares de los restos mortales de los republicanos que se encuentran enterrados en la fosa común de Cuelgamuros, en el Valle de los Caídos", presentada un año antes por el grupo parlamentario de Esquerra republicana de Catalunya, Izquierda unida e Iniciativa per Catalunya-Verds. Tras una detallada exposición de los motivos por parte del diputado Joan Herrera, basada en todo momento en la lucha de Pinyol, toman la palabra diferentes representantes de otras formaciones políticas. La gran mayoría señalan la sensibilidad que les despierta esta causa. El único que se muestra crítico es el representante del Partido popular, Jorge Fernández Díaz. Tras el debate, la PNL se aprueba con una amplia mayoría, contando con los votos favorables de los diputados Joan Herrera (IC-V), Uxue Barkos (Na-Bai) y Juan Antonio Barrio de Penagos (PSOE). Únicamente obtiene la oposición de Jorge Fernández Díaz (PP).

La lucha avanza, con un desigual recuento de batallas ganadas contra el olvido y de batallas perdidas en los juzgados. También continúan los contactos con Fausto Canales quien, después de la decepción que acaba de sufrir con las gestiones ante el juez Garzón, también continúa luchando. En esos momentos, Canales informa a Joan de la posibilidad que tienen de acogerse a una línea de subvenciones que el gobierno socialista de Rodríguez Zapatero acaba de anunciar para la realización de actividades de recuperación de la memoria de las víctimas de la guerra civil y de la dictadura franquista. En este sentido, propone a Pinyol que sume el caso de su abuelo a las ayudas que solicitan los familiares de las víctimas de Pajares de Adaja. Joan está totalmente de acuerdo y facilita a Fausto toda la información necesaria para sumarse al dosier conjunto que se está elaborando. Al cabo de unos días, Fausto le comunica que uno de los requisitos indispensables para obtener la subvención del gobierno es que se constituyan como agrupación de personas físicas sin ánimo de lucro y sin personalidad jurídica, y que dicha agrupación debe ser formalizada por vía notarial. Dada la proximidad geográfica de los familiares de Pajares de Adaja, se estima oportuna la notaría de Arévalo, en la provincia de Ávila, resultando imprescindible que todos los miembros de la agrupación firmen el acta de forma presencial, también Joan Pinyol, que vive a 696 quilómetros de Arévalo.

El 30 de abril de 2010 es un día intenso para el de Capellades. De madrugada, Joan sale de su pueblo en dirección al aeropuerto de Barcelona y minutos después vuela a Madrid. En el aeropuerto de Barajas le espera Fausto Canales, quien le recoge con su vehículo, poniendo rumbo a Arévalo. Se trata de un trayecto largo que ambos llenan con una conversación muy intensa y apasionada sobre la causa que les une. Durante el trayecto, pasan por la AP-6, divisando a lo lejos la gran cruz del Valle de los caídos, impetuosa y desafiante. Esta imagen causa una gran impresión a Joan Pinyol. Tan lejana e inmensa. Mira el símbolo franquista con una mezcla de rabia y de emoción a flor de piel. Siente animadversión por lo que representa la cruz y, a la vez, ternura, porque bajo esa enorme cruz yace su querido abuelo. Durante las horas posteriores, Joan no consigue borrar esta imagen de su cabeza. Una vez en Arévalo, Fausto le presenta al resto de familiares y, poco después, entran en la notaría para formalizar la constitución de la agrupación. Una vez realizado el trámite notarial ya les resulta posible acogerse a la subvención que concede el gobierno. Ese día, Pinyol conoce de primera mano la triste historia que tienen en común los familiares de las víctimas de Pajares de Adaja.

En la madrugada del 20 de agosto de 1936, un grupo de falangistas despiertan a seis vecinos de esa población abulense y los trasladan maniatados a punta de pistola en un camión en dirección a Arévalo, ante la mirada temerosa de sus esposas e hijos, entre los que se halla el pequeño Fausto Canales, de apenas dos años. Los detenidos son cinco hombres y una mujer, de profesión costurera. Una vez recorridos 25 kilómetros, a la altura de la población de Aldeaseca, el camión frena, obligándoles a bajar de la caja del camión y allí, a pie de cuneta, los asesinan a tiros. Después, los falangistas se suben al camión y van al encuentro de cuatro personas más que corren la misma suerte de los de Pajares. En total quedan diez cuerpos sin vida abandonados al pie de la carretera hasta que, al cabo de unos días, encargan a un vecino que los recoja con su carro y los arroje y sepulte en un pozo seco cercano. Décadas más tarde, los hijos y nietos de los asesinados contactan con la Asociación para la recuperación de la Memoria histórica de Valladolid, reconstruyen in situ esta dramática historia, localizan el pozo seco, e inician todos los trámites necesarios para recuperar los restos de sus familiares asesinados. Finalmente, en 2003, se les permite la apertura de dicho pozo con la asistencia de un arqueólogo y de un médico forense, llevándose una sorpresa muy desagradable. En el interior del pozo solo se halla un cráneo entero, parte de otro, huesos de distintas extremidades humanas, algunas vértebras y el dedal de la mujer. Tras una rápida investigación, los familiares averiguan que, el 1 de marzo de 1959, esa fosa en mitad del campo había sido profanada por una comitiva oficial designada por el gobierno civil de Ávila. La comitiva había exhumado los cuerpos y, sin comunicarlo nunca a sus familias, los trasladó al Valle de los caídos, inaugurado un mes después. Desde la perplejidad que les domina al conocer estos hechos, los familiares deciden enterrar los pocos restos que contiene el pozo bajo un monumento erigido a tal efecto en el cementerio de Pajares de Adaja, y que da cuenta de todos los nombres de los trasladados al Valle.

Durante ese 30 de abril de 2010, los descendientes directos de las diez víctimas aprovechan para mostrar el monumento a Joan Pinyol, también la Casa del pueblo, la cuneta donde habían sido asesinados sus antepasados y el pozo en el que estos estuvieron inhumados durante veintitrés años. Ya de vuelta, en el avión, y con una gran tristeza, Joan Pinyol rememora una y otra vez esta macabra historia. En los días siguientes, concede entrevistas a diversos medios de comunicación. Desconoce hasta dónde le llevará su lucha, pero está dispuesto a difundirla para que esta deje de ser un asunto particular y pase a ser general.

Posteriormente, recibe una llamada de Queralt Solé. Le propone participar en un documental que completa la exposición "Fosses comunes: un passat no oblidat" [Fosas comunes: un pasado no olvidado], organizada por el Memorial democrático de la Generalitat de Catalunya. Le plantean grabar unas declaraciones como familiar de una víctima para ser proyectadas de forma permanente en una pantalla de dicha exposición. También le invitan a participar en un coloquio abierto al público titulado "Combatent l'oblit: els testimonis prenen la paraula" ["Combatiendo el olvido: los testigos toman la palabra"]. Dicho coloquio tiene lugar el viernes 28 de mayo de 2010 en la sede del Memorial democrático. Tras esa experiencia, Joan Pinyol sale con el corazón destrozado. Antes de su intervención, presentan los hechos por los que lucha como si estos solo afectaran a su familia, y se lo toma a mal, porque desde el primer día, Pinyol lucha en representación de miles de familias que tienen, lo sepan o no, familiares fallecidos durante la guerra y la postguerra que han sido trasladados de forma forzosa al Valle de los caídos. Además, el turno de intervenciones libres por parte del público presente se convierte en un acto de catarsis colectiva y de intento de purga de dolores y tragedias individuales que derivan en todos los casos en llantos desconsolados de muchos de los intervinientes. Ante todo ello Pinyol lo tiene claro. Hay mucho trabajo pendiente en materia de Memoria histórica.

Unas semanas más tarde, Fausto Canales comunica al de Cape-lladels que el gobierno español ha denegado la subvención solicitada desde la agrupación de familiares de Pajares de Adaja con el pretex-to de que el pésimo estado de los espacios que contienen los cuerpos en el Valle exige la realización de unos trabajos previos. Pero esta negativa tiene una parte esperanzadora. Ante el empeño de Fausto por saber cuáles son las verdaderas intenciones del gobierno, Juan José Puerta, vicesecretario de la presidencia y mano derecha de Ma-ría Teresa Fernández de la Vega, vicepresidenta y portavoz del go-bierno socialista de Rodríguez Zapatero, le convoca a una reunión en la Moncloa, prevista para el 23 de agosto. Fausto propone que asista también Joan Pinyol.

Así, ese día los reciben en un despacho el vicesecretario de Presidencia y Pablo Larrache, delegado de Patrimonio nacional. En primer lugar, les explican las características físicas del Valle, les de-tallan el antecedente de una exhumación de cuerpos en la década de los ochenta del siglo pasado y les indican el lugar exacto en el que se sitúan los distintos osarios. A continuación, les confirman que, aunque no les han concedido la subvención solicitada, el gobierno socialista tiene la intención de dar respaldo a sus legítimas peti-ciones a través de un plan B que exige la máxima discreción y que estarían dispuestos a llevar a cabo con todas las precauciones técni-cas necesarias. Es el siguiente. Entre los días 6 y 10 de septiembre, un equipo de forenses se desplaza hasta el Valle con la finalidad de realizar distintas catas en los osarios a través de los tabiques para comprobar el estado físico de los cuerpos y, de este modo, valorar la viabilidad de su identificación y posterior entrega a las familias. Fausto no tarda en reaccionar. Después de tantos años de lucha con el propósito de sacar a su padre y a su tío del Valle, no quiere dejar escapar la ocasión de llegar hasta el final. En este sentido, Fausto plantea la pregunta de si una discreta representación de los familia-res podría testimoniar dichos trabajos forenses. Desde el gobierno no se manifiesta inconveniente alguno. Joan Pinyol siente entonces una inmensa emoción y tampoco piensa perderse la oportunidad de estar cerca de su abuelo. Por su parte, Juan José Puerta insiste que, aunque ya llegará el día de dar a conocer estas acciones a la opinión pública, en esos momentos lo mejor es moverse con una total discreción, dado que cualquier paso en falso podría originar posibles querellas contra el gobierno, poniendo así fin de manera precipitada a toda la empresa. También añade que, tanto él, como la vicepresidenta del gobierno español, están dispuestos a ayudarles en todo lo que esté en sus manos, pero que hace falta darse cierta prisa porque se auguran relevos internos dentro del partido socialista y del gobierno y no pueden asegurarles que los que vengan después tengan su misma sensibilidad. Lo cierto es que todos están de acuerdo en que no hay tiempo que perder. En septiembre, los familiares tendrán ocasión de presenciar la apertura de las fosas del Valle. ¡Una vez más, vivir para ver!

Muy cerca del abuelo

El 8 de septiembre de 2010, Joan Pinyol está dispuesto a desplazarse hasta el lugar donde se encuentra su abuelo. Su familia más próxima lo vive con una mezcla de esperanza y de tristeza. Su madre, su tía, los primos —nietos también de Joan Colom Solé—, Magda —su pareja— y Bernat, su hijo de apenas un año. Fausto lo recoge en la estación de Atocha y se dirigen en su vehículo al Valle de los caídos. Durante el trayecto, el abulense le cuenta que el punto de encuentro con el resto de los familiares y con los responsables de Patrimonio nacional será en la esplanada de la abadía, situada detrás de la inmensa cruz, cerca de la hospedería y de la escolanía. Y todo ello porque la entrada principal de la basílica, la que preside la esplanada frontal bajo la enorme escultura de la Piedad, está cerrada a causa del deterioro progresivo del monumento. El deterioro ha provocado ya el desprendimiento de fragmentos de algunas de las esculturas que lo coronan en el exterior, representando un gran peligro para el tránsito de personas.

Una vez pasado el control de acceso, el vehículo supera el desnivel de la montaña y se acerca cada vez más a la base de la cruz. El corazón de Pinyol late con fuerza. Una vez llegados a su destino, les presentan a Silvia Navarro y a Miguel Ángel Capapé Garro, familiares de Calatayud —residentes en Madrid y en Zaragoza, respectivamente—, así como a Maribel Luna y a Luís Miguel Cuervo, provenientes de Asturias. Los dos primeros luchan para recuperar diversos cuerpos trasladados allí desde Aragón, por ejemplo, al tío abuelo de Silvia, José Antonio Marco Viedma, y a los hermanos Lapeña.

El 2 de septiembre de 1936 diversos agentes de policía, falangistas, requetés y guardias civiles secuestran al industrial republicano y masón José Antonio de su domicilio de Calatayud y se lo llevan al grito de "¡Viva Cristo Rey!". Después lo fusilan en uno de los muros del cementerio municipal de Calatayud y lo sepultan allí mismo en una fosa común, reposando allí su cuerpo hasta el 4 de abril de 1959, cuando, por orden del alcalde en base a una circular previa del Ministerio de gobernación, se reabren las llamadas "fosillas" del cementerio, que contienen los restos de aproximadamente 200 víctimas republicanas para su traslado al Valle de los caídos. Según los Libros de Registro de Inhumaciones del Valle de los caídos, se trasladan al Valle 81 cuerpos, aunque en la documentación del Archivo histórico provincial de Zaragoza, los exhumados y trasladados al Valle son unos 130 cuerpos.

Por su parte, Miguel Ángel viene en representación del resto de víctimas de Calatayud inhumadas en el mismo cementerio y, sobre todo, como representante de su pareja, Puri Lapeña, después de que el gobierno español durante tres años les haya denegado diversas solicitudes de exhumación de familiares del Valle y subvenciones de Memoria histórica tramitadas desde la Asociación para la recuperación e investigación contra el olvido (ARICO). Puri reclama el cuerpo de su abuelo, Manuel Lapeña, y del hermano de este, Antonio Lapeña.

Manuel era el veterinario municipal de Villarroya de la Sierra, una población cercana a Calatayud y Antonio era herrero. En su momento, ambos se afilian a la CNT para la mejora de sus condiciones laborales y, tras el golpe militar de 1936 contra la República, son denunciados y fusilados después, tras permanecer detenidos de forma ilegal en el mercado de abastos de Calatayud. Manuel fue enterrado en el Barranco de la Bartolina, a las afueras de Calatayud, y su hermano Antonio en el cementerio del pueblo. Tenían 44 y 39 años, respectivamente. El 4 de abril de 1959, sus cuerpos son exhumados y trasladados al Valle de los caídos en nueve columbarios, que son depositados en el tercer piso de la capilla del Santo sepulcro.

Maribel Luna lucha desde hace años para recuperar el cuerpo de su abuelo, Aquilino Baragaño Montes, un minero asturiano nacido en Candanedo. Era anarquista y revolucionario. Se afilió a la CNT y defendió la República en el frente de Belmonte. Allí fue donde murió el 22 de marzo de 1937, siendo enterrado en el cementerio de la Barrosa, donde yace hasta el 2 de julio de 1959. Ese día vacían de cuerpos dicho cementerio y los trasladan al Valle. Al abuelo de Maribel lo inhuman también en el tercer piso de la capilla del Santo sepulcro, junto a los republicanos provenientes de Calatayud.

Fausto, Silvia, Miguel Ángel, Maribel y Joan aguardan la llegada del delegado de Patrimonio nacional, Manuel Terrón Bermúdez, en la esplanada de la hospedería. Cuando llega, se dirige al catalán.

—*Tú eres el que lo tiene peor de todos. Tu abuelo fue doblemente trasladado. Primero reposó unos cuantos años en una cripta y luego, como consecuencia de las filtraciones del agua de la lluvia en la basílica, esa cripta, situada justo encima de la Sacristía, se vació y todos los que allí estaban enterrados fueron trasladados a otra cripta de la nave central. Detrás de la capilla del Pilar. Ya te la mostraré.*

Una vez más, Pinyol siente una mezcla de emociones contrapuestas. Por un lado, se alegra de que se confirme que su abuelo se encuentra allí y de que incluso se sepa el lugar exacto donde reposa su cuerpo. Pero le pesa el contratiempo de ser el familiar que lo tiene peor para recuperar el cuerpo. Aun así, son tantos los deseos de sacarlo de allí que se confabula para no cesar nunca en este empeño. Es tozudo por naturaleza y nunca ha estado tan cerca del padre de su madre. Mientras se dirigen a la puerta de acceso, le muestra al delegado de Patrimonio las dos fichas que tiene en relación con la cripta donde se encuentra su abuelo y es entonces cuando logra entender el porqué de la diferencia de la denominación de las criptas.

Cuando se acercan a la entrada, Manuel Terrón les explica que deben esperar unos minutos, porque el acceso a la basílica tiene que hacerse a través de un único ascensor y, dado que hace unos minutos ha acabado la misa diaria que allí se celebra a las 11, tienen que salir los asistentes a dicha misa. Los familiares allí reunidos esperan el momento entre las ganas de entrar y la incomodidad que sienten en ese lugar. También tienen que aguardar la llegada de Juan José Puerta, representante del gobierno, quien en su día les prometió que los acompañaría. Por su parte, el delegado de Patrimonio aprovecha para pedirles que en todo momento sean discretos, durante la visita y también después. Les recuerda que no se les permite realizar ninguna fotografía en el interior de la basílica. En ese momento, un monje viene al encuentro de Manuel Terrón y el delegado de Patrimonio se arrodilla ante él y le besa el anillo que exhibe en una mano. Este gesto sorprende desagradablemente a los familiares, que se miran incrédulos mientras piensan hasta qué punto existe todavía una sumisión directa de los representantes políticos respecto de la comunidad benedictina que el dictador instaló en el Valle de los caídos. Treinta minutos más tarde se abre la puerta y salen del interior diversas personas de edades muy avanzadas, vestidas muy elegantemente y repletas de joyas. Los dos grupos se intercambian miradas de incredulidad que cuestionan recíprocamente los motivos que los han llevado hasta allí. Tras la última persona que sale, los familiares de los republicanos tienen luz verde para entrar. Una vez que atraviesan un pasillo lúgubre, flanqueado a ambos lados por unas imponentes esculturas que representan ángeles guerreros y después de sentir en sus cuerpos diversos escalofríos provocados por la humedad del lugar, se introducen en un pequeño ascensor con la capacidad justa para los seis familiares más el delegado de Patrimonio y descienden lentamente 60 metros, hasta la parte posterior del altar mayor, justo delante de la tumba del dictador, que junto con la de Primo de Rivera son las dos únicas que no quieren ni ver. Mientras leen con rabia la inscripción "Francisco Franco", descubren las flores frescas que alguien acaba de depositar junto al nombre del verdugo de sus familiares. También les llama la atención la imponente cúpula situada encima de sus cabezas, llena de símbolos de la Falange, cañones y banderas franquistas, carlistas y falangistas reproducidas en un mosaico inmenso. Se acercan a los bancos de la nave central mientras, a cierta distancia, los observan con inquietud otras personas y algunos monjes. A lo lejos, reconocen el sonido de un taladro que perfora una de las paredes. Al lado de los operarios hay un par de monjes que controlan en todo momento el proceder de los obreros. Una vez en los bancos, toman asiento mientras esperan la llegada de Juan José Puerta. Entonces se les acerca una vigilante de seguridad y, con tono altivo y casi arrogante les comenta:

—*¡Pues hay familias que están muy orgullosas de que los suyos se encuentren enterrados aquí!*

Sin perder la calma, Joan Pinyol le responde que le parece muy bien que se sientan orgullosas, pero que él se encuentra allí para llevarse el cuerpo de su abuelo. Y luego le pregunta si dichas familias orgullosas conocen el estado en el que se encuentran muchos cuerpos por culpa de las filtraciones descontroladas del agua de la lluvia y las humedades que han provocado en algunas criptas.

En ese momento llega el responsable del gobierno, les saluda con efusividad y después se dirigen a la capilla del Santo sepulcro, la que queda a mano derecha del Altar mayor. Tras pasar por debajo del órgano, les indican las consecuencias aun visibles de la bomba que el GRAPO colocó el 7 de abril de 1999 dentro de un confesionario de la capilla izquierda y que estalló de madrugada. La explosión afectó al instrumento y aún resultan visibles los impactos de la metralla. En el interior de la capilla, encuentran dos forenses protegidos con un mono blanco. Les entregan mascarillas para evitar posibles infecciones cuando se introduzcan en las criptas abiertas, también al monje que se ha sumado a la comitiva sin presentación alguna. Y empiezan el recorrido por la basílica.

Después de atravesar la puerta presidida con la inscripción "Caídos por Dios y por España", ascienden por la escalera interior. Allí les explican que, aunque hay tres pisos reales, los niveles de las distintas inhumaciones son cinco, dado que en su día dividieron los pisos para introducir un número mayor de cajas. En el primer piso, los familiares observan con gran interés a través de la perforación que se ha llevado a cabo y lo que descubren es una imagen dantesca formada por un conglomerado casi único de maderas, telas negras despedazadas, polvo, barro y distintos huesos que sobresalen de los pocos restos que se conservan de lo que habían sido columbarios. Allí se encuentran las víctimas procedentes de Pajares de Adaja, entre otras, el padre de Fausto Canales. Linterna en mano, el abulense enfoca el interior con ojos expectantes y vidriosos. El rayo de luz que se proyecta hacia el interior del osario hace el mismo ruido que el grupo que lo acompaña. El recorrido prosigue hacia los pisos superiores y allí comprueban que se hallan cajas enteras en un muy buen estado de conservación. Incluso descubren una caja individual que guarda la tela negra intacta y una inscripción nítida que revela el nombre de la víctima y su procedencia. No están muy lejos los cuerpos que trasladaron desde Calatayud y desde Asturias.

El grupo desciende de nuevo hasta el nivel del altar y se dirige a continuación hacia la capilla izquierda mientras despierta una gran expectación por parte de otras personas que en esos momentos visitan la basílica. En la capilla del Santísimo, pasan por otra puerta que da acceso a la sacristía y también van a encontrar la escalera bajo la misma inscripción "Caídos por Dios y por España". En el primer piso se acercan a otra abertura. Al otro lado se divisa una sala vacía con las paredes llenas de humedades. El delegado de Patrimonio nacional explica que en ese lugar reposó entre 1965 y 1990 Joan Colom. Su nieto, Joan Pinyol, se apresura a echar un vistazo al interior e incluso expresa que desea introducirse en ese espacio. Los forenses no tienen ningún inconveniente, pero le aconsejan que ajuste bien la mascarilla a su cara y que intente no respirar demasiado una vez dentro. El de Capellades se introduce con sigilo y también proyecta una linterna hacia cada rincón. La emoción le supera. Tristeza, dolor, impotencia, rabia y unas lágrimas que se ahogan en la mascarilla. Joan se encuentra en el primer espacio que acogió el cuerpo del otro Joan, al que reclama tras la guerra y ahora su nieto, en su empeño, siente una inmensa paz. Joan llora y ya le apremian para que salga. Por unos instantes, piensa que quisiera quedarse allí dentro todo el día. Siente que una fuerza superior a la ley humana lo retiene contra su voluntad, pero al final se impone la obligación de seguir los consejos de los forenses y sale, aunque mientras viva no olvidará ese momento. Tampoco el que acontece poco después.

La expedición continúa subiendo la escalera de la capilla del Santísimo y después regresa al nivel del altar en dirección a las seis capillas laterales que se encuentran en la nave central. Según consta en diferentes folletos turísticos, las capillas están dedicadas a distintas advocaciones de la Virgen como patrona de los ejércitos. En el lado derecho, se hayan las dedicadas a la Inmaculada concepción, Nuestra señora del Carmen y Nuestra señora de Loreto y en el lado izquierdo mirando siempre al altar, las que veneran a Nuestra señora de África, Nuestra señora de la Merced y Nuestra señora del Pilar. En esta última, y desde 1990, reposa Joan Colom. Han sido retirados los tapices ornamentales superpuestos que ornamentan las capillas y en esos días queda al descubierto la apertura que han practicado, cubierta provisionalmente por una madera. Desde el pasillo central y ante la capilla del Pilar, Juan José Puerta propone a Pinyol que se acerque hasta la abertura y uno de los forenses retira la madera. El de Capellades supera los peldaños de una pequeña escalera colocada allí provisionalmente y llega a la altura del altar. Muy emocionado observa el interior de la capilla y le faltan ojos para no perder detalle alguno. Un silencio profundo invade toda la basílica. Unos encima de otros, en hileras de tres, descubre los 385 columbarios que fueron trasladados allí desde la capilla del Santísimo y que contienen 2685 restos óseos. Dichas cajas se construyeron expresamente en 1990 con madera clara de pino y su estado de conservación en 2010 es inmejorable. En el interior de una de ellas reposa su abuelo.

Joan se siente superado por la emoción y se salta todos los protocolos allí establecidos. Grita con toda la fuerza del mundo *Avi, et trauré d'aquí!* [¡Te sacaré de aquí, abuelo!] y su proclama resuena desafiante por todo el monumento de tal manera que obtiene la desaprobación de más de uno de los presentes. Antes de que el forense vuelva a tapar la abertura con la madera, también descubre una tibia abandonada entre dos cajas. Después, regresa abatido hacia el resto de los familiares y Maribel Luna lo abraza, llorando ambos.

Nunca llegó a conocer a su abuelo, pero siente que está íntimamente unido a él. Y piensa que si ahora ha llegado tan lejos es para llevárselo a su pueblo de origen. Nadie le frenará. Tampoco en su intención de realizar una fotografía exterior de la capilla. Pide permiso para ello a Juan José Puerta y el representante del gobierno no se opone a ello. Pinyol enfoca el objetivo desde una cierta distancia y dispara. Entonces viene a su encuentro un responsable de seguridad. Le recuerda de muy malas maneras que está prohibido realizar fotografías. Demasiado tarde. Joan acaba de inmortalizar el momento y aprovecha para responder al vigilante que también está prohibido profanar tumbas y que al cuerpo de su abuelo la dictadura y la supuesta Transición lo han removido en dos ocasiones. Y sin el conocimiento ni el consentimiento de su familia.

A continuación, el grupo se dirige de nuevo al ascensor. Antes de salir de la basílica, el de Capellades pisa deliberadamente y con rabia la tumba de Franco. Una vez en el exterior y antes de despedirse de los familiares, el delegado de Patrimonio asegura a Joan Pinyol que le enviará toda la información relativa al segundo traslado del cuerpo de su abuelo. Igualmente, se ha acordado que Fausto Canales volverá al día siguiente al Valle para acompañar las investigaciones. En la esplanada, bajo la enorme cruz, los familiares intercambian sus impresiones. Hay una sensación compartida por todos. El gobierno les ha permitido acceder a los trabajos de prospección de las criptas seguramente con el objetivo de desanimarles ante la posibilidad de una futura identificación, pero ha logrado exactamente lo contrario. Ahora nadie les podrá negar que es posible realizar estos trabajos para la entrega de los cuerpos a las familias. Y todos llegan a la conclusión de que lo único que puede frenar las deseadas exhumaciones es la falta de voluntad política.

Al día siguiente, Fausto acompaña al equipo técnico y es testigo de los intentos fallidos de apertura de las criptas de los pisos superiores a la capilla del Santo sepulcro. La causa es un infranqueable muro de hormigón. Después se acercan a la capilla Nuestra señora de África, Nuestra señora de Loreto y de la Inmaculada concepción. Debido a la humedad han desaparecido las cajas y lo que se divisa es un conglomerado de huesos mezclados. Por su parte, las cajas situadas en la capilla de Nuestra señora del Carmen se encuentran en buen estado, lo mismo que las de Nuestra señora del Pilar, donde yace Joan Colom, que se mantienen casi intactas. Después de estas actuaciones, la abertura de dichas capillas se vuelve a clausurar a la espera de un informe oficial que dictamine la viabilidad de la exhumación, identificación y entrega a las familias de los restos reclamados.

La semana posterior a la visita al Valle del grupo de familiares estalla una polémica en los medios de comunicación. Por mucho que el gobierno español exigiera que todas las actuaciones y visitas al Valle se hicieran con una total discreción, la nueva edición de la revista *Interviú*, correspondiente a la semana del 11 al 17 de octubre, aparece bajo un gran titular en la portada que promociona un reportaje que se incluye en esa edición: "Caos en el Valle de los Caídos. Abren las tumbas en secreto. Fotos exclusivas. Los huesos están mezclados y el gobierno deniega la exhumación de las víctimas del franquismo". En el interior de la revista, a lo largo de seis páginas, se detallan las recientes acciones del gobierno en el mausoleo franquista durante el pasado septiembre. El reportaje se publica ilustrado con diversas fotografías de las criptas abiertas y, entre otras muchas falsedades, se afirma que durante las obras se cerró totalmente el acceso al público, que ningún miembro de la comunidad benedictina del Valle tuvo el más mínimo conocimiento de los trabajos realizados en el interior de la basílica y que los vigilantes de seguridad les impidieron que se acercasen a comprobar qué se estaba haciendo. La revista también publica una fotografía de tres cuartos de página relativa a la capilla izquierda-piso primero, donde Joan Colom reposó al principio.

Tan solo una semana después, *Interviú* publica un segundo reportaje bajo el título "Caos en el Valle de los Caídos (II). Así abrieron las tumbas. Fotos exclusivas". En dicho reportaje se insiste que la abertura de los osarios se ha realizado con un secretismo absoluto y bajo custodia, día y noche, de dos guardias jurados con el fin de que la operación no trascienda más allá de los familiares testigos de esta.

Ante la alarma creada y las demandas de comparecencia por parte del Partido popular, el gabinete de la vicepresidenta del gobierno español, María Teresa Fernández de la Vega, reconoce públicamente que, si bien es cierto que se han llevado a cabo dichos trabajos en las criptas, siempre ha sido siguiendo los parámetros legales y sin voluntad alguna de confidencialidad.

Para Pinyol y para el resto de los familiares, todo se explica como un intento de frenar sus legítimas demandas y todo apunta que alguna persona de la basílica se ha ocupado de filtrar interesadamente las informaciones y ha manipulado la verdad. De no ser así, nadie entiende que se hayan podido hacer y filtrar las comprometedoras fotografías del interior de las criptas que han sido difundidas.

Días después de la publicación del segundo reportaje que ha generado numerosos posicionamientos en diferentes medios de comunicación, se producen cambios internos en el gobierno español. El 20 de octubre de 2010, cesa de en su cargo la vicepresidenta

María Teresa Fernández de la Vega, de la que depende Juan José Puerta. Desde ese día, ocupa su lugar como vicepresidente primero del gobierno Alfredo Pérez Rubalcaba, que se convierte también en portavoz del ejecutivo. Por su parte, Ramón Jáuregui es desde entonces el nuevo ministro de la Presidencia y el máximo responsable de Patrimonio nacional y de la gestión del Valle.

Entre los días 22 y 24 de octubre de 2010, se celebran en Gandesa, población de la provincia de Tarragona, las jornadas "Fosses comunes. Dies de guerra, diàlegs de Pau" [Fosas comunes. Días de guerra, diálogos de paz], que cuentan con la participación de diversos especialistas en la materia, así como de Pinyol como familiar de una de las víctimas. Joan explica en qué estado se encuentra su lucha en una mesa redonda titulada "Desapareguts i fosses comunes. Experiències des de les entitats de recuperació de memòria democràtica i dels familiars" ["Desaparecidos y fosas comunes. Experiencias desde las entidades de recuperación de memoria democrática y de los familiares"].

Las jornadas se celebran de forma previa al multitudinario acto de homenaje a las víctimas de la Batalla del Ebro, que tiene lugar el domingo 24 de octubre en el pabellón deportivo de Gandesa. La afluencia de personas procedentes de toda Catalunya y llegadas a esa población en incontables autocares es tan superior a las previsiones fijadas por la organización que el evento tiene que repetirse dos veces. Desde un rincón de las gradas, en medio de los casi 5000 asistentes, Joan Pinyol llega a la conclusión de que, por muchas décadas que pasen, las heridas y los agravios provocados por la guerra continúan pendientes. Después del doble homenaje, los asistentes se desplazan hasta la Fatarella, población cercana donde se preserva una antigua trinchera de combate convertida en el *Memorial de les Camposines*, un espacio de memoria y recuerdo que expone diversas placas en que figuran los nombres y apellidos de los desaparecidos en la batalla del Ebro, entre los que se encuentra Josep Pinyol Colom, tío paterno de Joan, que murió a los dieciocho años como integrante de la famosa Quinta del biberón. Allí, ante centenares de familias que lloran a sus muertos mientras siguen con el dedo índice las listas nominales, Joan se reafirma en la idea de que, aunque las víctimas estén muertas, el dolor por su pérdida y por el desconocimiento sobre el lugar donde yacen sus huesos, sigue vivo, muy vivo.

El 31 de enero de 2011, Pinyol envía dos cartas al gobierno español. Una dirigida al ministro de la Presidencia, Ramón Jáuregui, en la que le explica la historia de su abuelo y le pregunta si hay alguna novedad en relación con el informe que están elaborando los forenses que trabajan en el Valle. La otra misiva la dirige a la directora de la Oficina de víctimas de la Guerra civil y la Dictadura, Margarita Temprano, del Ministerio de justicia. El 25 de febrero recibe una respuesta desde Moncloa en la que se le asegura que recibirá la información completa una vez se concluya dicho informe.

Después de distintos contactos con el resto de los familiares, Joan Pinyol se desplaza de nuevo a Madrid el 25 de febrero. En esta ocasión, a petición de Diego Barcala, periodista del diario *Público*, que le ha propuesto una entrevista en la misma redacción del rotativo, junto con otros familiares. Dos días después dicho diario publica el reportaje "Ni un día más junto a su verdugo. Las familias exigen al Estado que cumpla y les devuelva los restos trasladados al Valle de los Caídos". Bajo el titular aparecen en una fotografía de media página y de izquierda a derecha Joan Pinyol, Silvia Navarro, Maribel Luna y Fausto Canales. Los cuatro son conscientes de que una de las formas más efectivas de romper el silencio del gobierno es presionarle desde los medios. Una vez concluida la entrevista se reúnen en una cafetería madrileña y desde allí acuerdan crear una agrupación de familiares para sumar fuerzas y tramitar conjuntamente las demandas de exhumación de los suyos. De esta primera agrupación nacerá posteriormente, en 2014, la AFPERV (Asociación de familiares pro exhumación de Republicanos del Valle) y se acuerda por unanimidad que en un principio será presidida por Fausto Canales. Posteriormente la presidirá Silvia Navarro.

En marzo de 2011, Joan recibe un correo electrónico desde el Ministerio de la presidencia que le facilita la información solicitada acerca del segundo traslado a que fue sometido su abuelo en el Valle de los caídos. Se trata de una notificación que procede del Departamento de prensa de Patrimonio nacional y que incluye detalles sobre el motivo y las condiciones de lo que para Pinyol no deja de ser una segunda profanación de los restos mortales de Joan Colom:

En 1990, las humedades existentes en la Sacristía de la Basílica de la Santa Cruz del Valle de los Caídos (Capilla del Santísimo) obligaron a una serie de actuaciones para subsanar los problemas inherentes. Para realizar este tipo de obra hubo que trasladar los restos mortales yacentes del primer nivel de la mencionada Capilla. Estos restos fueron depositados en otras cajas en las Capillas de la Virgen del Pilar y de Loreto, pisos 1º y 2º de la Nave Central. Según se desprende del Acta de 26 de febrero de 1991, las filtraciones y humedades produjeron que la mayoría de las cajas estuvieran en malas condiciones. En consecuencia, se procedió al traslado de los restos en nuevas cajas a los lugares anteriormente citados y a tratar las humedades de la Sacristía. El acta fue firmada por el Abad de la Comunidad benedictina, el director de la Unidad Médica de Patrimonio Nacional y el delegado de Patrimonio Nacional en el Valle de los Caídos.

Después de diversas reuniones entre representantes de la AFPERV y el gobierno, finalmente se informa a los familiares que el Consejo de ministros ha nombrado una Comisión de expertos para que elabore una propuesta en relación con el futuro del Valle de los caídos y redacte un informe oficial sobre el verdadero estado de la basílica y la viabilidad de llevar a cabo las exhumaciones e identificaciones solicitadas. Dicha Comisión se constituye el 30 de mayo de 2011 y la integran catedráticos de Historia y de Derecho de distintas universidades, además de historiadores. Concluido el tiempo de redacción, que parece eterno para los familiares, el 29 de noviembre de 2011, la Comisión entrega finalmente el informe oficial al Ministerio de la presidencia.

Aparte de detallar la causa que explica las diversas inhumaciones que han tenido lugar en la basílica, de constatar el estado actual del monumento y de proponer que el Valle sea objeto de una resignificación general, la comisión plantea una serie de recomendaciones. En primer lugar, se sugiere la obtención de los consensos políticos más amplios posibles para abordar todo lo que concierne al mausoleo franquista. La comisión propone también frenar el deterioro progresivo del monumento, de manera que se pueda convertir en un lugar de memoria de las víctimas de la Guerra civil, así como mantener el nombre del Valle de los caídos, convertirlo en un centro de interpretación histórica, preservar la basílica como lugar de culto, dignificar los entierros existentes y trasladar los restos del dictador y de José Antonio Primo de Rivera al lugar que designen sus respectivas familias con el objetivo de eliminar toda connotación política del Valle, atendiendo así únicamente a la dimensión moral de la memoria. Finalmente, el informe concluye que existe un derecho moral relacionado con las reclamaciones de los familiares pero que el pésimo estado de las criptas y de las cajas de su interior, además del gran número de cuerpos allí inhumados, determinan la imposibilidad de las identificaciones individuales de los cuerpos.

Una vez leído el informe, los integrantes de la AFPERV manifiestan públicamente la gran decepción que les ha provocado y su desacuerdo con este dictamen que no obedece a informe pericial alguno sobre el estado de los osarios ni de los restos que estos albergan. Pinyol piensa que es muy injusto que se generalice la situación de los cuerpos inhumados en el Valle. Sabe muy bien, porque lo ha comprobado con sus propios ojos, que el estado en el que se encuentran dichos cuerpos y la posibilidad de que sean exhumados depende mucho de la zona donde se encuentran. En el caso de su abuelo Joan, el acceso a la cripta donde yace el cuerpo es directo, y todos los que le acompañan se mantienen en unas cajas herméticas perfectamente conservadas desde 1990. La lucha no cesa.

Repercusiones y esperanzas

Durante la semana en la que se inicia el proceso contra el juez Baltasar Garzón por haber realizado la investigación de los crímenes del franquismo, el programa *Banda ampla* de TV3, conducido por la periodista Lídia Heredia, organiza un debate sobre la recuperación de la memoria histórica en Catalunya. Dicho programa también aborda cómo afectó la guerra y la posguerra a las familias catalanas y el interés que muestran los más jóvenes por la historia reciente del país. En el plató hay distintas personas invitadas que vivieron de cerca el conflicto bélico y padecieron la dictadura de Franco, además de otras que han investigado los hechos como la periodista, también de TV3, Montse Armengou, autora, entre muchos otros, de los documentales "Les fosses del silenci" i "Els nens perduts del franquisme" ["Las fosas del silencio" y "Los niños perdidos del franquisme"]. Igualmente, asiste Pinyol.

Antes de que dé comienzo la emisión, el público que asiste al programa recibe instrucciones concretas. Podrán intervenir en cualquier momento y solo tendrán que apretar un botón situado detrás de los asientos delanteros para que la presentadora les autorice a intervenir. El programa se desarrolla con una absoluta normalidad y Pinyol toma la palabra en dos ocasiones en relación con aspectos generales de memoria histórica, desde el convencimiento de que después lo presentarán y podrá explicar la lucha que lleva a cabo desde hace cuatro años para sacar a su abuelo del Valle de los caídos. Pero le espera una desagradable sorpresa, un malentendido, ya que antes de darle la palabra para que explique dicha lucha, la presentadora pone fin al programa. En medio del desconcierto que le invade en esos momentos Joan Pinyol tiene la sensación de que ha perdido una oportunidad de oro ante la audiencia de TV3 para explicar el caso de su abuelo como ejemplo de los miles de cuerpos trasladados al Valle de los caídos. Estaba convencido de que este tema se trataría al final del programa, pero Lídia Herrera no lo ha considerado necesario, dado que Pinyol ha participado anteriormente. Al final, desde una gran decepción Joan incluso llega a pensar que ha fallado a su abuelo. Mientras se vacían las gradas de público, permanece allí sentado, cabizbajo y con una gran sensación de impotencia. En ese momento, Montse Armengou va a su encuentro.

—*¿Tu eres el nieto que reclama a su abuelo para sacarlo del Valle de los caídos, verdad?*

Joan le detalla el desconcierto que vive en esos momentos. Ella continúa:

—*Desde el programa* Sense ficció *de TV3 ahora mismo estamos ideando un documental dedicado a los miles de trasladados desde las fosas de la guerra hacia el mausoleo de Franco y querríamos pedirte tu participación. Si estás conforme, pásame tus datos y muy pronto nos pondremos en contacto contigo para contarte mucho mejor todos los detalles.*

Pinyol acepta la propuesta sin dudar ni un instante.

Pasados unos días, envía a Montse Armengou toda la documentación de la que dispone hasta el momento respecto de su abuelo y el 19 de septiembre de 2012 se reúne con ella y con Ricard Belis, codirectores del documental en los estudios de TV3 en Sant Joan Despí. Entre muchas otras informaciones que les traslada, les explica cómo supo que se había profanado la fosa de Lleida en 1965 y de qué manera se llevaron de allí el cuerpo de su abuelo. También les detalla la experiencia de la vista al Valle y de la apertura las criptas del mausoleo. Cuando les cuenta que ante la capilla del Pilar gritó muy fuerte *Avi, et trauré d'aquí!,* los dos periodistas intercambian una mirada cómplice. Después explican a Pinyol las líneas que seguirá el nuevo trabajo periodístico que tienen en mente. Quieren dar voz a las familias que desde hace tiempo luchan para recuperar los cuerpos de los padres y abuelos que fueron trasladados al Valle, fueran del bando que fuesen. También quieren contactar con otras personas que intervinieron en esa operación durante la dictadura. Finalmente, le plantean la posibilidad de que en el futuro documental intervengan también la madre y la tía de Joan Pinyol, las dos hijas de Joan Colom, quienes no tienen inconveniente alguno en hacerlo.

El primer día de rodaje tiene lugar en el cementerio de Lleida el 7 de noviembre de 2012. Desde la zona donde su padre estuvo inhumado durante casi tres décadas, tanto Nuri como Laura Colom denuncian el traslado del que nunca les llegó información alguna y lamentan los hechos públicamente. Nuri muy enérgica:

—¡Franco nos trató muy mal a nosotras!

Por su parte Laura, entre lágrimas que no puede reprimir ni con el abrazo de su hijo Joan, exclama:

— ¡Si por lo menos lo pudiésemos tener en Capellades!

Nuri interviene de nuevo, ahora con una afirmación categórica mirando su sobrino:

—¡Suerte tenemos de este, que no se rinde!

La grabación continúa posteriormente en el Archivo histórico de Lleida. Los directores del documental y el mismo Joan Pinyol son conscientes de que hacer intervenir las dos hijas de Joan Colom supone reabrirles heridas y despertar en ellas un dolor infringido hace muchos años, cuando eran criaturas, que las ha acompañado durante sus vidas, pero también están de acuerdo en que su participación en el trabajo periodístico que se lleva a cabo resulta trascendental para subrayar la dimensión humana del agravio que padecen.

Las tomas se reanudan durante la tarde del día 13 de noviembre en Capellades, en concreto en el comedor del domicilio de Pinyol. Son días de emociones muy a flor de piel para él, dado que no hace ni un mes que ha nacido su hija Itzel. Además, cada vez está más convencido de que la historia de su abuelo, como paradigma de tantas otras, en algún momento trascenderá el ámbito personal y familiar y removerá muchas conciencias a través de TV3. En este sentido, desde el reflejo del hogar encendido que construyó su tío Joan, hijo también de su abuelo, Pinyol se muestra contundente y también muy emocionado. Ahora sí que no quiere dejar escapar la oportunidad de hacer una llamada de atención general y espera que, de una vez para siempre, las diferentes administraciones que tienen competencias en su lucha lleguen a la conclusión de que los traslados al Valle afectan a muchas personas y que estas reaccionen de una vez a favor de la causa de tantas familias.

Una semana más tarde, el 20 de noviembre, Joan se desplaza de nuevo a Madrid. A su llegada a la Estación de Atocha, se reencuentra con el equipo del *Sense ficció* y junto a ellos se dirige a El Escorial.

En la plaza donde se encuentran los Juzgados les espera José Ignacio Casado, un representante de la Asociación para la recuperación de la Memoria histórica de Burgos que ha trabajado en muchas fosas junto a Emilio Silva y a Paco Etxeberria. En esas dependencias judiciales también se han citado con el abogado Eduardo Ranz y con distintos miembros de la AFPERV, que intervendrán igualmente en el documental. También están presentes Silvia Navarro, Miguel Ángel Capape, Fausto Canales y Paco Cansado. Este último procede de Zaragoza y desde hace años lucha por recuperar el cuerpo de su abuelo, José Cansado Lamata, natural de Ateca y concejal republicano de dicho municipio.

Durante la madrugada del 22 de septiembre de 1936, tropas sublevadas y grupos paramilitares relacionados con la Falange y con Acción ciudadana ocupan Ateca, una población que dista 14 kilómetros de Calatayud, en la Comunidad de Aragón. Por su condición de concejal del ayuntamiento, José Cansado recibe la orden de personarse en el consistorio con el fin de declarar, junto a otros vecinos del pueblo. Una vez allí, las fuerzas ocupantes le comunican que pasará la noche en las dependencias municipales y que al día siguiente todos los declarantes serán trasladados a Calatayud donde proseguirán los interrogatorios. Tras pasar la noche, a José Cansado y a once vecinos más, les obligan a subir a un camión y se los llevan del pueblo entre los lamentos y gritos de sus esposas e hijos. Permanecen detenidos en el mercado de abastos de Calatayud a lo largo de un mes, durante el cual sus familias les visitan a menudo y les llevan ropa y comida. Hasta el día en el que uno de los guardias le espeta a uno de los hijos de José Cansado que ya no hace falta que entregue ningún paquete para su padre:

—*¡Llévatelo a tu casa, que tu padre ya no lo necesita!*

A finales de octubre se habían llevado a los prisioneros hacia Zaragoza con el pretexto de que tendrían que seguir declarando, pero tras recorrer treinta kilómetros, el camión que los traslada se desvía de la carretera, y tomando un pequeño camino cerca de Mularroya, les obligan a bajar y a cavar la fosa en la que son enterrados después de fusilarlos. Sus cuerpos yacen allí hasta abril de 1959, cuando el enterramiento es profanado para trasladar los restos de las doce víctimas de Ateca al Valle de los caídos en un único columbario. El columbario de los doce de Ateca es depositado en el tercer piso de la capilla del Santo sepulcro.

Ante las cámaras de TV3, ese noviembre de 2012, los miembros de la AFPERV registran las respectivas demandas de exhumación de los cuerpos de sus familiares ante uno de los Juzgados de primera instrucción de San Lorenzo de El Escorial. Esa misma tarde, el grupo regresa a Madrid y se dirige al Senado. Los recibe, también ante las cámaras, Iñaki Anasagasti, senador del PNV, que se muestra muy sensible a sus legítimas demandas. Antes de charlar con los familiares, el senador les invita a visitar algunos espacios del edificio, entre otros, el Salón de los pasos perdidos —con toda la carga simbólica que esta denominación conlleva para los familiares—, la majestuosa biblioteca y la antigua sala de plenos del Senado, la que durante años albergó los plenos de los máximos representantes de la dictadura de Franco. Desde su interior, les propone que fijen su mirada en el tapiz que cubre la pared central que se halla sobre la presidencia y sobre el espacio designado para el orador. Aquel día se encuentra un inmenso escudo coronado con el símbolo de la monarquía borbónica, pero les asegura que, si se retira dicho tapiz, se revela el símbolo del Sindicato vertical franquista, el único permitido durante la dictadura. Si hasta ese día Joan Pinyol tenía la intuición de que en España hay reminiscencias del pasado cuya superación parece imposible, ahora no le cabe la más mínima duda. Una vez acabada la visita por el Senado, los familiares de los trasladados al Valle de los caídos comparten con el senador vasco sus respectivas luchas y Anasagasti les ofrece su máxima colaboración y ánimos.

Pinyol pasa la noche en un viejo hostal del municipio de Guadarrama con el equipo del *Sense ficció* y al día siguiente se encaminan hacia el Valle de los caídos. Durante el trayecto en coche particular, Montse Armengou concreta diversas entrevistas con otros testigos de los hechos que completarán el documental. Joan tiene la ocasión de vivir muy de cerca como se gestan estos documentales periodísticos. Se trata de una mañana muy fría. El 21 de noviembre es el día después de la conmemoración de los 37 años de la muerte del dictador y, una vez más, un grupo de nostálgicos del franquismo, organizados por Falange, han expresado su fervor por Franco ante las puertas que dan acceso al recinto. Se trata también de la segunda vez que Pinyol visita el Valle y, en esta ocasión, accede a la basílica a través de la puerta principal, tras pasar bajo la colosal escultura de la Piedad. Una vez dentro, comparte una decepción con el equipo de TV3. Les comunican que les han reducido a dos los tres días de rodaje que habían concretado con los responsables del monumento. Igualmente, les impiden acceder a la biblioteca de la basílica, les confirman que el abad no tiene ninguna intención de participar en el documental y les prohíben registrar cualquier declaración oral en el interior de la iglesia. Imágenes sí, pero sin voz. Además, un responsable de seguridad los controlará en todo momento. Joan Pinyol confirma cuán especial es ese lugar. Tienen constancia de que el gobierno español, en cumplimiento de una ley de Franco aún vigente, financia copiosa y sustancialmente con dinero de las arcas públicas —340.000 euros anuales— los gastos de la comunidad benedictina del Valle. También sabe que dicha cantidad no conlleva justificación obligatoria alguna, comprobando así con desagrado el poder vigente y opaco del actual abad, Anselmo Álvarez sobre todo lo que se pretende realizar en ese espacio de la sierra de Cuelgamuros.

El equipo de TV3 intenta sobreponerse a estos contratiempos e inicia las grabaciones. En primer lugar, desde el interior de la basílica, toman imágenes de la sacristía, de la nave central y del gran mosaico situado en la cúpula. También graban la tumba del dictador y del fundador de Falange. Mientras Pinyol pasea por el monumento ante las cámaras, se siente muy observado en todo momento. Por los directores del documental, por los vigilantes de seguridad, por algunos monjes que llegan a intimidarlo con la mirada y por diferentes grupos de turistas que no pierden detalle alguno de sus movimientos. De nuevo en el exterior de la basílica, buscan un rincón idóneo para realizar la entrevista y encuentran uno con una excelente perspectiva de la gran cruz. Las declaraciones de Joan tienen lugar entre los temblores y escalofríos provocados por el frío que impera y por la historia que le ha llevado hasta allí. Antes de dejar la basílica, Pinyol y el equipo de TV3 vuelven a entrar un momento para realizar una última toma. En ese momento, Joan se desmorona y quiere despedirse de su abuelo. Se aleja del grupo y se dirige a la capilla del Pilar donde se deshace el nudo de emociones que tiene en el estómago, convirtiéndose en lágrimas desconsoladas que le cubren el rostro. El cámara no deja escapar la oportunidad, corre a su lado y le enfoca en un primer plano.

—*Tranquilo, Joan, tu haz como si yo no estuviera. Cuando quieras irte... tú mismo* — le comenta el cámara. Dominado por una infinita tristeza, Pinyol sigue llorando desconsoladamente con el pensamiento en su abuelo y después de unos minutos abandona el lugar en silencio. A su regreso a Catalunya, en el AVE, revive una a una todas las emociones.

Al día siguiente, el equipo de TV3 toma declaración a otros testigos de los hechos, también consulta el Libro de inhumaciones del Valle, da con la ficha personal de Joan Colom, y realiza distintos planos del monumento a vista de dron.

Durante los meses posteriores, el reportaje va tomando forma y el 18 de febrero de 2013 Pinyol graba una nueva secuencia desde el cementerio de su pueblo al que quiere llevar el cuerpo de su abuelo. Ese día, le acompaña ante las cámaras su hijo Bernat, que acaba de cumplir tres años. Seguidos por el objetivo, ambos ascienden por el camino que conduce al cementerio y depositan un ramo de flores ante de la tumba de Teresa Comabella, la abuela de Joan, fallecida en 1977. Una vez reunido todo el material, los trabajos pasan a manos de producción. En un nuevo encuentro con los directores del documental, a Joan le confirman el título, "Avi, et trauré d'aquí!" ["¡Te sacaré de aquí, abuelo!"], lo que satisface enormemente al de Capellades. Igualmente, le comunican el día y la hora de la emisión prevista: cinco minutos antes de las 10 de la noche del martes 19 de marzo, en *prime time*. Todo parece que TV3 apuesta de forma decidida por este trabajo de investigación periodística y, durante los días previos a su emisión, anuncian continuamente el documental a través de un tráiler que se inicia con un primer plano de las lágrimas de Pinyol ante el osario del Valle en el que yace su abuelo.

Finalmente, llega el 19 de marzo y se estrena "¡Avi, et trauré d'aquí!", que obtiene un récord de audiencia de 541.000 televidentes y un absoluto dominio en las redes con un *hastag* acuñado por

Joan Pinyol, #parctematicdelfeixisme —[parque temático del fascismo]—, que aporta toda una definición del Valle. Desde Capellades y junto a su madre, tiene la sensación de que, ahora sí, uno de los tres objetivos que se marcó al descubrir la relación entre su abuelo y el mausoleo de Franco, que era dar a conocer los hechos a cuantas más personas mejor, ha empezado a hacerse realidad. Y aún mejor y más importante. Está convencido de que todo ello contribuirá decididamente a la realización del primer objetivo. Recuperar el cuerpo de su abuelo para que descanse un día en Capellades.

El estreno del reportaje y el tema que pone al descubierto sacude emocionalmente la opinión pública. Tras la emisión Pinyol recibe incontables llamadas telefónicas y correos electrónicos por parte de personas que desconocen el destino último de sus familiares muertos durante el conflicto y que anhelan resolver los interrogantes que les angustian. En este sentido le facilitan datos concretos de sus desaparecidos y le ruegan que los busque en las listas que tiene a su disposición. Joan toma el compromiso de llevarlo a cabo desde un renovado convencimiento de que queda mucho trabajo por hacer en materia de memoria histórica. El documental que se acaba de dar a conocer abre dos vías paralelas, de promoción y de debate. Por un lado, la del mismo Pinyol, que recibe propuestas de varios ayuntamientos y entidades memorialísticas para que realice charlas y coloquios como complemento a proyecciones públicas de "Avi, et trauré d'aquí!". Lo lleva a cabo el 25 de mayo de 2013 en el Casal-Teatre de Mediona (en la comarca del Alt Penedès), el 11 de julio en el Teatro la Sitja de Fornells de la Selva (en la província de Girona), el 12 de octubre en el Casal Marià d'Olot (en la comarca de la Garrotxa) y el 7 de junio de 2014 en una sala teatral de La Ràpita (el Montsià, comarca del Baix Ebre).

Entre los días 23 y 30 de septiembre de 2013 cinco expertos de diferentes países — Francia, Bosnia, el Líbano, Sudáfrica y Argentina— que forman parte del Grupo de trabajo de Naciones Unidas sobre Desapariciones forzosas o involuntarias visitan diversas ciudades del Estado español con el fin de recoger impresiones de investigadores, asociaciones memorialistas y familiares de víctimas del franquismo, con el objetivo de realizar un informe sobre esta cuestión. Después de Madrid, el 27 de septiembre convocan una reunión en un hotel de la Travessera de les Corts, en Barcelona, muy cerca del Camp nou. Dada la expectación que despiertan, la sala resulta demasiado pequeña. La Asociación para la recuperación de la Memoria histórica de Catalunya (ARMHC) propone que intervenga Pinyol. Asimismo entrega en mano a los representantes de la ONU un dossier sobre el caso de su abuelo. En una primera valoración que se hace pública el 30 de septiembre, el organismo internacional insta al gobierno de Mariano Rajoy a atender las peticiones de los familiares de las víctimas del franquismo desaparecidas en España.

El 8 de noviembre "Avi, et trauré d'aquí!" se proyecta en el Festival internacional de cine Memorimage en el teatro Bartrina de Reus, y cuenta con la presencia de sus dos directores y de la documentalista, Montserrat Bailac.

A finales de mayo de 2014, la Fundación independència i progrés proclama ganador del Premio Josep Maria Planes de periodismo de investigación el documental "Avi, et trauré d'aquí!". El galardón se entrega el 30 de mayo en el Centre cultural del Casino de Manresa y entre los asistentes a dicha entrega se encuentra Pinyol, que, a petición de los periodistas premiados, toma la palabra durante el acto y aprovecha para felicitarlos públicamente.

A finales de agosto de 2014 Joan recibe una carta firmada por Ariel Dulitzky, presidente-relator del Grupo de trabajo sobre Desapariciones forzosas o involuntarias de la ONU, con fecha de 22 de julio. Le informa que el Grupo ha examinado el caso de su abuelo y ha llegado a la determinación que, teniendo en cuenta que es sabido el lugar donde se encuentra el cuerpo y, dado que no se trata de una desaparición forzosa, no pueden hacerse cargo de su petición. Para sobreponerse a la que considera una nueva puerta que se cierra en el camino de su lucha, el de Capellades interpreta como una ironía del destino que el principal obstáculo que plantea la ONU para poder colaborar en su lucha sea que se conozca el destino de los restos de su abuelo Joan y que este hecho haga imposible que se puedan recuperar a través de ese grupo internacional de expertos.

JOAN PINYOL

También mantiene un contacto permanente con el resto de los miembros de la AFPERV, que desde Madrid solicitan reiteradamente una entrevista con los responsables políticos del gobierno español, en concreto con el ministro de Justicia, Rafael Catalá Polo, del PP, que durante dos años se ha negado a recibirles. También piden un encuentro con el prior de la basílica del Valle, Santiago Cantera, para poder tratar de nuevo sus peticiones. Pero la respuesta tiene siempre la forma de un silencio oficial que vuelve a poner a prueba la perseverancia de los familiares. Igualmente, los que se acaban de incorporar a la AFPERV. Es entonces cuando Pinyol tiene conocimiento de los casos de Sagrario Fortea Herrero, natural de Calatayud y nieta de Manuel Herrero Martínez; de Mercedes Abril Alonso, de Valladolid, que es hija de Rafael Abril Avo, y de Iñigo Jaca Arrizabalaga, de Hendaya, sobrino de Antonio Arrizabalaga Ugarte.

Manuel Herrero Martínez nació el 1893 en Torrijo de la Cañada, en Zaragoza. Estaba casado, era padre de siete hijos y tras la victoria del Frente popular en febrero de 1936 se convirtió en concejal del ayuntamiento por Izquierda republicana. También estaba afiliado a la UGT. Después del golpe militar fue detenido por la Guardia civil de Ateca junto con diez vecinos más. Se los llevaron en un camión y cerca de Munébrega, los fusilaron y los enterraron en un campo de cultivo. En 1959 se profanó dicha fosa común y, según una de las personas que participó en la exhumación, se trasladaron los cuerpos primero a Calatayud y después Valle de los caídos. En el cementerio de Torrijo de la Cañada se levantó hace años un monumento donde se anhela sepultar algún día estas otras víctimas.

Rafael Abril Avo había nacido en Alicante el 1907. Después trabajó en la RENFE, primero en Calatayud, en una casa situada en la misma estación y más tarde en Clares de Ribota como jefe de estación, también en la provincia de Zaragoza. Cuando estalló la guerra fue reclamado por la Guardia civil mientras paseaba con su esposa e hijos. Al llegar a casa la encontraron toda revuelta. Alguien había estado buscando un armamento que no tenían. Rafael Abril, que había sido acusado por el cura del pueblo, tan solo era socio de la UGT, en una época en que se obligaba a los trabajadores a afiliarse

148

y solo por ese motivo lo separaron de la familia y se lo llevaron en un camión. Esa misma tarde su esposa dio a luz a otro hijo que acabó muriendo al cabo de días por culpa de las nefastas condiciones en que llegó al mundo. Rafael estuvo unos cuantos días detenido en la plaza de Abastos de Calatayud, desde donde escribió regularmente a su esposa con la intención de tranquilizarla. La última carta que recibió estaba fechada del 22 de septiembre. Poco después su esposa le escribió una carta que le fue devuelta. En el remitente figuraba una sola palabra: "Salió". Pocos días después supieron que a Rafael Abril lo habían fusilado en la pared del cementerio de Calatayud e inhumado en una fosa común. Otra persona ocupó su cargo en la estación y obligaron a su familia a abandonar la casa. Sin su marido y con criaturas a su cargo, su esposa se quedó en la calle y se estableció con su familia en casa de sus padres, en Valladolid. Durante años visitaron el cementerio de Calatayud hasta que supieron que en 1959 sus fosas habían sido profanadas y que los cuerpos que contenían habían sido llevados al Valle de los caídos. El 8 de abril de ese año se inhumaron diversos columbarios procedentes de Calatayud en el tercer piso de la Capilla del Santo sepulcro.

Antonio Arrizabalaga Ugarte nació en Zumárraga (Gipuzkoa) el 1911 y creció con Antonio Castillejo como figura paterna. Este último era miembro de Izquierda republicana y durante el conflicto armado se convirtió en comisario de guerra de esa población vasca. Los dos Antonios acabaron por formar parte de un batallón socialista. Por su parte Antonio Arrizabalaga, del batallón Amuategui de las Juventudes socialistas. En agosto de 1937 se convirtió en prisionero en Santander y por mucho que estuviera herido, lo trasladaron a Zaragoza donde formó parte de un batallón de castigo. Murió como prisionero del ejército de Franco a consecuencia de una fiebre de tifus el 17 de noviembre de 1937. Tenía 26 años. Primero lo enterraron en el cementerio de Torrero, situado en la ciudad de Zaragoza. Más tarde la fosa común donde yacía fue exhumada en secreto el 28 de febrero de 1961 y los restos fueron trasladados al Valle de los caídos e inhumados en el quinto piso de la capilla del Santo sepulcro.

Tener conocimiento de estas historias paralelas de víctimas del conflicto bélico, usadas a su antojo por la dictadura como botín de guerra y enterradas en secreto en el mausoleo donde yace el dictador que lo inició y provocó todo, regala la conclusión a Pinyol de que la suya es una causa compartida por muchas otras familias de España. Por ello está decidido a continuar su labor de concienciación de la sociedad respecto unos hechos que se desconocen en gran manera y que afectan miles de familias. En la asociación de familiares los contactos son permanentes y continúan las gestiones con el fin de desencallar las peticiones de exhumación de cuerpos del Valle.

Luz entre las tinieblas

Llega un día histórico, el 1 de abril de 2016. Y no porque se conmemore la victoria del ejército sublevado. Tras haber demandado ante las distintas instancias judiciales y durante varios años la exhumación de los hermanos Lapeña del Valle en representación de su hijo y su nieta, el abogado Eduardo Ranz, consigue por fin en 2015, que el titular del Juzgado de primera instancia nº1 de San Lorenzo de El Escorial, admita a trámite la demanda basada en el derecho a la digna sepultura. El primer día de abril, el juez emite un auto en el que se reconoce el derecho de la familia Lapeña a que los restos de Manuel y Ramiro Lapeña sean exhumados del Valle, identificados y devueltos a Manuel, y a Puri, hijo y nieta de Manuel, respectivamente. Puri comparte rápidamente la sentencia con el resto de los miembros de la AFPERV.

El abogado ha dado con una herramienta legal y ha logrado su propósito a través de un artículo de la Ley de enjuiciamiento civil sobre la perpetua memoria (*Ad perpetuam memoriam*). Se trata de un articulado del Código civil del siglo XIX, del tiempo de las colonias americanas, relativo a asuntos de herencias y repatriaciones de restos, que en este caso supone un reconocimiento del derecho de la familia a recuperar los restos de los hermanos Lapeña.

Las reacciones ante esta noticia por parte del resto de los familiares son de una absoluta esperanza. Dicha sentencia es firme y se convierte en un precedente irrefutable para abordar el resto de las peticiones de exhumación. Aun así, y con la intención de impedir que la decisión judicial pueda favorecer demandas idénticas de otros familiares, el ministro de Justicia del gobierno español adscrito al PP, Rafael Catalá Polo, se apresura a derogar los nueve artículos que regulan la perpetua memoria, alegando que estos ya habían caído en desuso, ¡casualmente cuando se vuelven a aplicar en el caso de los hermanos Lapeña! Un nuevo varapalo para el resto de las familias, que se añade a los numerosos reveses judiciales hasta la fecha, y que les deja claro, una vez más, que son ciudadanos de segunda en la supuesta democracia vigente en España.

El 11 de mayo de 2017, el Congreso de los diputados aprueba, con la abstención del PP, una moción que reclama la exhumación de los restos de Franco del Valle de los caídos. Aunque esta iniciativa prospera, no es de obligado cumplimiento para el gobierno de Mariano Rajoy. Días después, Pablo de Greiff, relator especial para la promoción de la Verdad, la justicia, la reparación y las garantías de no repetición de la ONU, insta al gobierno español a que atienda urgentemente las reclamaciones de las víctimas de la guerra civil y de la dictadura franquista. En un comunicado, el relator subraya la importancia de dar prioridad a las exhumaciones, de resignificar el Valle de los caídos y de anular las sentencias arbitrarias del franquismo. La ONU subraya en dicho informe que la violación sistemática de los derechos humanos durante la dictadura continúa siendo una herida abierta pendiente aún de abordar, que se ha convertido en una carga difícil de soportar para la democracia española y para la memoria colectiva. Por todo ello, la ONU y Amnistía internacional denuncian que ante estas violaciones España se ha mostrado incapaz de promover mecanismos en pro de la verdad, la reconciliación y la reparación.

Por otro lado, tras ser aprobada la moción en el Congreso de los diputados para la exhumación de Franco de su mausoleo, diversos medios de comunicación elaboran reportajes y entrevistas con el fin de encarar un tema que vuelve a interesar a la opinión pública.

El 3 de abril de 2018, el programa *Solidaris* de Catalunya Ràdio, que dirige Albert Segura, graba un reportaje radiofónico desde el mismo Valle de los caídos y cuenta con la participación de Pinyol, que en esos días de Semana Santa se encuentra de vacaciones en Madrid junto con su familia. Después de haber sido testigo de la apertura de las criptas en 2010, y de grabar el documental "Avi, et trauré d'aquí!" en 2012, es la tercera vez que el nieto de Joan Colom visita la basílica franquista. Ese día junto a Magda, Bernat e Itzel. Es una mañana lluviosa y, en cuanto llegan, les recibe el equipo de Catalunya Ràdio, mientras sus hijos corretean y se persiguen por la explanada principal entre risas y al margen del significado del gran monumento.

Antes de dar inicio al reportaje se acerca a saludar al de Capellades, Pablo Linares, presidente de la Asociación para la defensa del Valle de los caídos.

—*Nosotros no estamos en contra de que recuperes el cuerpo de tu abuelo y lo entierres en tu pueblo. Incluso comprendemos tu ímpetu en conseguirlo y, si hace falta, te ayudaremos en este empeño. Ahora bien, siempre que para identificar a tu abuelo no se tengan que tocar otros cuerpos enterrados en el Valle cuyas familias puedan manifestarse en absoluto desacuerdo con esta operación.*

Ante estas declaraciones Pinyol tiene muy claro que la expresión "siempre" solo se puede interpretar como un "nunca", dado que las condiciones físicas en las que se encuentran los cuerpos inhumados en el Valle, mezclados entre cajas que se han deteriorado a lo largo del tiempo, hace imprescindible su identificación a través de muestras de ADN y es evidente que será necesario mover los cuerpos que acompañan a su abuelo. Lo que le resulta más surrealista son las preocupaciones extremas que ahora tienen los defensores del Valle por unos cuerpos que fueron profanados, exhumados de sus fosas comunes y sin cuidado alguno, durante la dictadura. Dichos restos fueron trasladados al Valle sin identificar y sin informar a sus familias, y una vez allí, fueron inhumados en unas criptas en las que, con el tiempo, se verían afectados por las continuas filtraciones del agua del exterior, que en algunos casos deterioraron hasta su totalidad los columbarios, de modo que, como en el caso de su abuelo Joan, veinticinco años más tarde, los restos fueron de nuevo removidos para un nuevo traslado entre criptas internas del Valle. Además, Joan tampoco alberga ninguna duda de que los cuerpos que yacen al lado del de su abuelo tienen un origen común en la fosa republicana que se profanó en Lleida en julio de 1965, por lo que está convencido que, llegado el momento, ninguna de las familias se opondrá a las necesarias identificaciones de los cuerpos. Y como dos no discuten si uno no quiere, Pinyol se despide con la debida educación del defensor del Valle y sale al encuentro de los otros participantes del documental radiofónico.

En primer lugar, Joan participa en una entrevista junto con Roger Heredia —biznieto de Jaume Guinau, un soldado republicano desaparecido en la batalla del Ebro y presidente del Banco de ADN para la identificación de las víctimas de la Guerra civil y de la dictadura— y Bonifacio Sánchez —portavoz de la Asociación para la recuperación de la Memoria histórica—. Los tres denuncian los obstáculos a los que se enfrentan los familiares en su propósito de recuperar los restos de los inhumados en el Valle.

Antes de dejar el gran monumento, Pinyol acompaña pareja e hijos ante la cripta donde yace su abuelo. Con los ojos empañados por las lágrimas, Joan cuenta a sus hijos el extraño motivo que le ha llevado hasta allí. Después de diez años de lucha constante para conseguir sacar a su abuelo del Valle, el hecho de haberlos llevado junto al padre de su madre tiene para él un notable valor simbólico.

Durante ese abril de 2018, se producen diversos movimientos para desencallar la sentencia judicial favorable a la exhumación de los Hermanos Lapeña y Pinyol está en permanente contacto con Puri Lapeña. Después de la oposición del prior de la abadía del Valle, Santiago Cantera, que no permite que el equipo de forenses que tiene que acceder hasta los cuerpos entre en la basílica, y ante la pasividad absoluta del gobierno de Mariano Rajoy, que no quiere acatar la sentencia judicial, representantes de Patrimonio nacional finalmente comunican a los familiares de los hermanos Lapeña que aún necesitan más informes forenses.

Mientras tanto, prosigue la difusión de la lucha a través de los medios. El 19 de junio de 2018, Pinyol es entrevistado por Roger de Gràcia en el programa *Estat de Gràcia*, también de Catalunya Ràdio. Al cabo de dos días, el 21 de junio, Albert Om le entrevista para su programa *Islàndia* de RAC1. Cuando le pregunta qué piensa de la posibilidad que se exhume a Franco, el de Capellades le responde taxativo.

—*Los primeros que tienen que salir del Valle de los caídos son aquellos a los que nunca deberían haber sido llevados allí. Por una cuestión de dignidad humana, mi abuelo tiene que salir de ese lugar antes que el dictador.*

La entrevista tiene un especial eco por toda Catalunya.

El 5 de julio de 2018, recibe una llamada telefónica del equipo de producción del programa FAQS, de TV3. Le proponen grabar al día siguiente una entrevista en el Valle de los caídos. Una vez más el de Capellades no tiene un no por respuesta. Se trata de dar a conocer su lucha y concienciar a la opinión pública. Con el nuevo gobierno socialista de Pedro Sánchez, investido tras la moción de censura al gobierno del Partido popular, hace meses que el tema del Valle se encuentra en el punto de mira de muchas personas. Pinyol tiene muy claro que debe aprovechar al máximo el eco mediático del momento. A primera hora del 6 de julio, sale de Barcelona con un AVE que le lleva directo a Madrid. Le acompañan Laura Rosel, presentadora del programa, y el resto del equipo de producción. Ya en la capital de España, se suma al grupo un cámara y todos juntos se encaminan hacia el Valle de los caídos. Es la cuarta vez que el nieto de Joan Colom pisa el mausoleo de Franco. Y en esta ocasión, sin los impedimentos de otras veces para grabar las secuencias y la entrevista. Tampoco le someten a un control estricto del tiempo del rodaje ni están continuamente vigilados por ningún responsable de seguridad. Pero en la explanada principal coinciden con la larga hilera de personas que aguardan para acceder a la misa diaria concelebrada de las 11 de la mañana, cantada por la escolanía. Entre ellas, hay unas cuantas que lucen con orgullo banderas españolas atadas a sus cinturas, también por parte de criaturas que no llegan a los diez años. A su salida, concluido el oficio religioso, coinciden con la grabación de la entrevista en el exterior de la basílica y en más de una ocasión la intentan boicotear con estornudos forzados e intencionados. Por ello, el equipo periodístico se ve obligado a repetir la grabación de alguna de las respuestas hasta que culmina su propósito.

Con la etiqueta #FAQSelmeuavi, el programa se emite el 8 de julio y reproduce la entrevista a Joan Pinyol durante 18 minutos.

El 26 de julio, el de Capellades asiste a la proyección del documental "Avi, et trauré d'aquí!" en el Centre de lectura de Reus y participa en un coloquio posterior junto al historiador Axel Baiget y a Robert Casas, profesor de Estudios ibéricos en el Hood College, en Maryland (Estados Unidos), y autor también de una tesis sobre documentales que rebelan latencias del franquismo en la democracia actual. Una intervención desde el público le plantea la posibilidad de que, siendo escritor y después de haber publicado casi veinte libros, escriba una novela a partir de la historia de su abuelo. Pinyol responde de una manera tajante en el sentido de que su lucha intenta solucionar un agravio real pendiente y que, hasta que no se resuelva, no tiene ninguna intención de convertir en ficción el sufrimiento de su familia.

No obstante, al día siguiente, 27 de julio de 2018, se reencuentra en el patio del Ateneu Barcelonès con Francesc Gil-Lluch, un antiguo compañero de la universidad al que no ve desde hace tres décadas y que dirige Edicions del Saldonar, una editorial mayormente de ensayo. Le propone la publicación de un libro que detalle su lucha y reúna todas las acciones llevadas a cabo hasta el momento para que quede constancia del empeño por recuperar los restos de su abuelo. El de Capellades acepta la propuesta y empieza a reunir material y a redactar el libro a partir del día siguiente.

El 8 de septiembre, Joan es entrevistado en Capellades por un equipo de la agencia de noticias Reuters. Durante todo el día, graban en distintos espacios de la población. En su estudio de escritor, en el cementerio municipal y por los alrededores. Posteriormente el reportaje se ofrece a diferentes televisiones y medios escritos de todo el mundo.

Finalmente, el 13 de septiembre el Congreso de los diputados (con los votos a favor de todos los grupos parlamentarios excepto el PP y Ciudadanos, que se abstienen) aprueba el decreto de modificación de la Ley de memoria histórica que ha de posibilitar la exhumación de los restos de Franco del Valle de los caídos. Por ese motivo, son unos cuantos los medios que quieren hacer pública la opinión al respecto de Pinyol. Ese mismo día, es entrevistado en Capellades por un equipo de TVE que por la noche difunde dicha opinión en el informativo del primer canal. Al día siguiente, 14 de septiembre de 2018, la periodista Helena García Melero lo entrevista en directo en TV3 desde el programa *Tot es mou*.

Además de la difusión periodística de su causa, hace tiempo que Joan tiene un anhelo, conseguir que el Ayuntamiento de Capellades, gobernado en ese momento por la Candidatura d'unitat popular (CUP) y Esquerra republicana de Catalunya (ERC), se sume oficialmente a su causa. Si consideramos que en octubre de 1938 ese mismo consistorio movilizó Joan Colom en defensa del gobierno legítimo de la República, y que en 1939 no llevó a cabo la más mínima acción para facilitar que su cuerpo reposara en el cementerio del mismo municipio, que ahora dicho ayuntamiento se posicione a favor de su retorno, tiene una gran significación para su nieto. Durante semanas se producen diversos contactos con el alcalde de la CUP, Aleix Auber, y con el teniente de alcalde, Àngel Soteras, de ERC, y el 27 de septiembre de ese 2018 se consensua el texto de una moción que se presentará en el próximo pleno del consistorio, grupos municipales del PDECAT y el PSC, con el título "Moció per al trasllat al cementiri de Capellades del cos del capelladí Joan Colom Solé" [Moción para el traslado al cementerio de Capellades del cuerpo de Joan Colom Solé]. El texto de la moción detalla las circunstancias del traslado al que fue objeto Joan Colom desde Lleida. Después de darla a conocer y de ser sometida a votación en sesión plenaria del 3 de octubre de 2018 se acuerda, en el marco de la aplicación de la Ley de Memoria histórica de 2007, solicitar al gobierno español el regreso al cementerio municipal del cuerpo de Joan Colom Solé, una vez identificado genéticamente con pruebas de ADN y entregado a sus descendientes. La moción también subraya que es un acto de justicia que los familiares reclamen unos cuerpos que jamás deberían haber sido trasladados al Valle de los caídos para su futura inhumación en los cementerios de los pueblos de origen. Si es preciso, a través de la petición legal de cambio de cementerios, de uno situado en el término municipal de El Escorial, en la comunidad de Madrid, a otro situado en el término de Capellades, en la provincia de Barcelona. Por último, la moción autoriza al alcalde a suscribir todos los documentos necesarios para dar cumplimiento a este acuerdo del pleno municipal.

Después de su obligada lectura, la moción se aprueba por unanimidad del pleno de Capellades con los votos a favor de los grupos CUP, ERC, PDECAT y PSC-PSOE. Tras la aprobación el alcalde de Capellades da la palabra a Joan Pinyol, que interviene desde la zona reservada al público para recalcar la emoción que siente por el hecho de que el pleno del ayuntamiento de su pueblo se sume oficialmente a su lucha.

Posteriormente, la resolución del pleno se envía al Consejo de administración de Patrimonio nacional y a los responsables de este organismo en San Lorenzo de El Escorial. Igualmente, a Fernando Martínez, secretario de Estado de Memoria histórica.

En noviembre, se intensifican los contactos entre los miembros de la AFPERV. El día 15 envían una carta a Fernando Martínez para darle cuenta de las diversas luchas que llevan a cabo, para denunciar que aún se encuentre pendiente de ejecución el dictamen de la sentencia del caso Lapeña y para insistirle en que algunos de los demandantes de la Agrupación tienen una edad muy avanzada, una circunstancia por la que la ONU ha exigido ya en varias ocasiones al Estado español que atienda y solucione las demandas de los familiares de las víctimas. Por todo ello, y una vez más, solicitan una reunión con el propio secretario de Estado de Memoria histórica y con la ministra de Justicia, Dolores Delgado García, con el objetivo de que se encuentre de una vez por todas una solución a sus legítimas demandas.

Después de todo el tiempo en que familiares de víctimas como Pinyol han sufrido el silencio de las administraciones, parece que algo empieza a moverse. En este sentido, se inician algunos trámites para que, otras personas se puedan acoger a la resolución judicial que autoriza exhumar a los hermanos Lapeña.

El 13 de diciembre de 2018 Pinyol envía una solicitud a Patrimonio nacional (al amparo del derecho fundamental de petición) pidiendo la exhumación de su abuelo Joan Colom. El día siguiente, 14 de diciembre, a través del Ayuntamiento de Capellades, Joan recibe la respuesta de Patrimonio nacional en relación con la moción aprobada por el consistorio. Es un nuevo jarro de agua fría. De acuerdo con el artículo de una ley de 2007 y con un reglamento de Policía mortuoria de la Comunidad de Madrid, se exige que sean los mismos familiares de Joan Colom Solé o sus representantes legales los que soliciten la localización, identificación y, en su caso, la exhumación y traslado de sus restos al cementerio de Capellades.

Una vez más, Pinyol se siente atrapado por una telaraña de protocolos oficiales y trámites administrativos en la defensa de una causa que siempre ha creído que podría tener una rápida resolución por la vía de los sentidos, primero humano y después común. Dado que ése no es el caso, prosigue con su determinación de continuar luchando.

Días después de recibir esta carta, Silvia Navarro, como presidenta de la AFPERV, le informa de los acuerdos tomados en una reunión entre representantes de familiares y responsables del Ministerio de justicia. Se va a crear de forma inmediata un banco de datos genéticos de los familiares de las víctimas inhumadas en el Valle de los caídos para su posterior identificación.

El 25 de enero de 2019, empieza una primera sesión de recogida de muestras de familiares en el Instituto toxicológico nacional, situado en Las Rozas (Madrid). Después tiene lugar una reunión en que se reafirma la voluntad del gobierno español de crear un banco de ADN a escala nacional a través de diversos equipos especializados que tienen sus sedes, entre otros lugares, en Sevilla, Barcelona y Bilbao. También se informa que desde Barcelona se contactará rápidamente con Joan Pinyol, Paco Cansado, Sagrario Fortea y Puri Lapeña para la debida recogida de muestras. También se indica que, en cuanto a Mercedes Abril, bilbilitana residente en Valladolid y a Maribel Luna, de Asturias, un equipo se desplazará hasta sus respectivos domicilios con el mismo propósito. Durante la misma reunión, también se pregunta por el informe forense que se está elaborando relativo al estado en el que se encuentran las criptas del Valle de los caídos. El responsable de Memoria histórica responde que Santiago Cantera, prior de la abadía benedictina, continúa manteniendo una firme oposición a cualquier acción y aún no ha permitido la entrada de los equipos, por lo que no se ha podido empezar aún el informe en cuestión. Aun así, se mantiene la promesa de que durante el mes de febrero un equipo de técnicos accederá al mausoleo para llevar a cabo el estudio forense. También se explica que el Ministerio de justicia expedirá unos certificados de reparación de las víctimas con una mención expresa del tema del Valle de los caídos. Finalmente, se indica que durante el mes de febrero de 2019 se convocará a los familiares para que puedan verificar la realización de los trabajos desde la misma basílica.

Libro en mano

Pasan semanas, meses y Pinyol se mantiene firme en el propósito de sacar a su abuelo Joan del Valle, aunque sea con una combinación, casi a partes iguales, de esperanzas y decepciones. Mientras está pendiente de los movimientos que se han anunciado relativos al reconocimiento del derecho de las familias y a las tan deseadas exhumaciones, continúa difundiendo su causa a través de documentales y charlas. Y, sobre todo, a partir del momento en que se publica la primera edición en catalán de su libro *¡Avi, et trauré d'aquí!* (Saldonar edicions, marzo de 2019), con prólogo de Montse Armengou —directora del programa de documentales *Sense Ficció*, de tv3—, y con un epílogo de Robert Casas, profesor asistente de Culturas ibéricas y latinoamericanas en una universidad de los Estados Unidos, en concreto en el Hood College del estado de Maryland. Joan tiene incluso ocasión de asistir en directo a su primera impresión en la empresa Romanyà Valls, situada muy cerca de su domicilio.

Libro en mano empieza a organizar diversas presentaciones por Catalunya. En Manresa, (22 de marzo), en Gelida (23 de marzo), en Capellades (29 de marzo, con la presencia de su familia incluidas las dos hijas de su abuelo, Nuri Colom, que ese día celebra su cumpleaños y su madre, Laura), en Moià (5 de abril), en Reus (6 de abril), en La Torre de Fontaubella (también el 6 de abril), en la librería Documenta de Barcelona (el 9 de abril), en la Biblioteca central de Igualada (12 de abril) y en Sant Julià de Vilatorta (13 de abril). Durante ese mismo mes, con la coordinación del mismo Robert Casas y organizadas por el Institut Ramon Llull de promoción de la cultura catalana en el exterior, realiza diversas conferencias sobre su causa en cuatro universidades norteamericanas. En la University of Baltimore (29 de abril), en la George Town University, de Washington (30 de abril), en el Hood College, de Frederick (Maryland) (1 de mayo) y en la Columbia University de Nueva York (3 de mayo). Una semana trepidante en la que tiene ocasión de impartir clases sobre memoria histórica a diferentes estudiantes y detallar su empeño ante profesores e historiadores universitarios.

A la vuelta, continúa presentando el libro en más poblaciones, siempre con el objetivo de remover conciencias. En La Garriga (12 de mayo), en Sant Carles de La Ràpita (31 de mayo), en La Selva del Camp (14 de junio), en Vilaseca (21 de junio) y en Vilada (29 de junio). El 4 de julio, da una charla sobre el Valle de los caídos en el marco de los cursos de verano de la Universitat de Lleida, que se celebran en Tremp. El día 13 de julio, presenta el libro en Cornudella de Montsant, también en Solsona (26 de julio) y en Castellterçol (27 de julio), y el 30 de ese mes participa en un documental para la cadena televisiva Al-Jaezzera en Capellades, y al día siguiente desde el cementerio y La Seu Vella de Lleida. El 13 de agosto presenta el libro en Esterri d'Àneu. En dicha presentación conoce a Rosa Vilalta, quien también en 2008 tuvo conocimiento de que su tío Josep Vilalta Pijoan (Les Ventoses, 1921, comarca de La Noguera), hermano de su padre, fue uno de los trasladados al Valle desde Lleida después de morir el 13 de marzo de 1939, a sus 18 años, en el Hospital Militar de Lleida, a consecuencia de un accidente provocado por una bomba de mano envuelta en un tejido de mecha para luces de aceite que descubrió fortuitamente en el terreno agrícola familiar y que al quitarle la cubierta le causó la muerte por heridas de metralla en el pecho. Lo enterraron en una fosa común y fue trasladado al mausoleo franquista, junto al abuelo de Pinyol, el mismo mes de julio de 1965. Como él, yace en la misma Capilla del Pilar.

Y el 6 de septiembre en Cervera. Y al día siguiente, 7 de septiembre, vuelve de nuevo al Valle de los caídos para participar en otro documental sobre el mausoleo que dirige el periodista Pepe Galán, uno de los antiguos monaguillos de la escolanía de la abadía benedictina. El 20 de septiembre, vuelve a presentar el libro, en esta ocasión en un espacio que tiene mucho simbolismo para Pinyol, el claustro de La Seu Vella de Lleida, el lugar exacto donde murió su abuelo. El 4 de octubre, lo da a conocer en Almenar, y el 21 de octubre en el Ateneu igualadí de la Classe obrera de Igualada, ante más de 400 personas.

En esos días, la abadía vuelve a ocupar el interés de la opinión pública ante la posible y ya fechada exhumación del Valle de los caídos del cuerpo del dictador. Por esta razón, diferentes medios de comunicación, como TV3 a través del programa *Tot es mou*, vuelven a proponer una intervención de Pinyol el mismo día en que tiene lugar la exhumación de Franco, el 24 de octubre. A su parecer, y en directo por la televisión catalana, Joan considera que es una vergüenza que, una vez más, el dictador haya sido objeto de todos los honores oficiales y religiosos, y haya salido de su mausoleo llevado a hombros por sus nietos. Y aprovecha para ironizar, en el sentido de que el gobierno español ha autorizado y posibilitado la exhumación de un cuerpo enterrado en el Valle de los caídos a la única familia que no quería sacarlo de allí, mientras continúa dilatando la solución para los familiares que sí desean recuperar de allí a los suyos. Lo dice pensando sobre todo en los hijos directos de esas víctimas que cada vez son más mayores y que, en algunos casos, parece que se mantengan con vida con el único afán de confirmar el retorno de sus padres a los cementerios de sus pueblos de origen.

Al día siguiente, 25 de octubre, Pinyol presenta el libro en Flix, donde conoce al hijo de otra víctima trasladada al Valle sin consentimiento familiar, y el 30 de octubre, de nuevo en el barrio de Sants de Barcelona. También en Alcoletge (10 de noviembre), en Bellpuig (18 de noviembre), en Balaguer (22 de noviembre), en Sant Fruitós de Bages (28 de noviembre), en Pedreguer, una localidad de Alicante a la que llega después de seis horas de conducción en solitario tras su jornada laboral (13 de diciembre) y en Mora de Ebre (20 de diciembre).

Convencido de que el tiempo va en su contra, durante el año 2020, Joan sigue removiendo conciencias y sacando a la luz unos hechos expresamente escondidos durante décadas. También a través de conexiones televisivas en directo entre clase y clase desde el instituto Pere Vives de Igualada en el que trabaja. El 8 de enero, imparte una formación sobre cómo explicar la memoria histórica a los jóvenes estudiantes, dirigida a los profesores del Departamento de sociales del instituto Arnau Cadell de Sant Cugat del Vallès. Y presenta en más ocasiones su libro. En el Pla del Penedès (12 de enero) y en Tàrrega

(17 de enero). El 23 de ese mes, participa en un coloquio sobre la represión desde el auditorio VINSEUM de Vilafranca del Penedès. El 8 de febrero, vuelve a hablar de su lucha en el Ateneu La Baula de Lleida y presenta el libro en Girona (13 de febrero), en Tarragona (20 de febrero) y en Santa María de Oló (23 de febrero). Después de esa fecha, tiene que cancelar distintas presentaciones previstas a causa de la pandemia de la COVID-19 y del obligado confinamiento de la población. No reprenderá las actividades relativas a su lucha hasta mediados de abril. El día 15, realiza un club de lectura a propósito de su libro con el profesorado del centro educativo La Salle de Manresa. El día 20 de ese mes, da una charla a los estudiantes de segundo de bachillerato del instituto Terres de Ponent, de Mollerussa. Igualmente, realiza una charla en el instituto Ramon Turró Darder de Malgrat de Mar (11 de mayo). Finalmente, la primera presentación del libro, tras los momentos más difíciles de la pandemia, tiene lugar el 10 de julio en Cambrils y a continuación lo da a conocer en Ciutadella de Menorca, en las Baleares, el 31 de julio. El 19 de septiembre, participa en el programa FAQ's de TV3 y el 8 de octubre de ese 2020 presenta el libro en Masquefa.

El 19 de noviembre de 2020, Pinyol recibe una carta de la presidenta del Consejo de administración de Patrimonio nacional, María de los Llanos Castellanos Garijo, en la que se le informa del reconocimiento oficial del derecho de exhumación de Joan Colom Solé. En dicha carta, se indican los acuerdos tomados por el Consejo tras su reunión del 1 de octubre de 2019, después de tomar conocimiento de los informes del Instituto de ciencias de la construcción Eduardo Torroja y del de los servicios técnicos de Patrimonio nacional sobre "Análisis del informe de inspección de las criptas de la Basílica del Valle de los Caídos". En este sentido, se le comunica que los servicios técnicos de Patrimonio nacional elaborarán y licitarán el correspondiente proyecto de obras para el acceso y afianzamiento del paso al interior de los distintos niveles de las criptas adyacentes a las capillas de la Basílica, y, posteriormente, se procederá a la ejecución de las obras en cuestión, comenzando por los distintos niveles de la cripta adyacente a la Capilla del Santo sepulcro, siguiendo por la del Santísimo y finalmente por las capillas laterales de la Basílica. La carta añade más detalles sobre la operación prevista y acaba con esta resolución: "Se reconoce el derecho a la exhumación de los restos cadavéricos de D. Joan Colom Solé, todo ello al amparo del artículo 26 del reglamento de Sanidad Mortuoria de la Comunidad de Madrid, aprobado por el Decreto 124/1997, de 9 de octubre". Y añade que la exhumación reconocida, queda condicionada por la posibilidad de acceso al lugar donde presuntamente se encuentran los restos, la viabilidad de una posible identificación, en función de la localización de los restos, su estado de conservación y la posibilidad de garantizar su integridad y de realizar pruebas de ADN fiables y, por último, por la proporcionalidad de las actuaciones a realizar en cada caso, en función de los columbarios que sea preciso desplazar y las pruebas de identificación que sea necesario realizar.

Para Pinyol, que conoce bien el estado en el que se encuentran los columbarios donde yace su abuelo, estos condicionantes son meros límites burocráticos teniendo en cuenta que, una vez se inicien las tareas de acceso a la capilla del Pilar, estas no supondrán ningún obstáculo para llevarlas a cabo. El día 15 de diciembre de 2020 su madre, Laura Colom, hija de su abuelo, es citada para la recogida de muestras de ADN a las 10 horas en el Departamento de Barcelona del Instituto nacional de toxicología y ciencias forenses, situado en la calle La Mercè, número 1 y acude junto a su hijo. Dos días después, en la madrugada del 17 de diciembre, muere la hermana mayor de Laura Colom, Nuri Colom Comabella sin poder ver el regreso de su padre a Capellades. Para la familia es una pena añadida y sienten rabia e impotencia. En su entierro, su sobrino Joan Pinyol se reafirma en su compromiso de sacar a Joan Colom Solé del Valle.

El 2021 empieza con un nuevo proyecto en forma de libro. Joan Pinyol escribe una nueva versión de *Avi, et trauré d'aquí!*, actualizada y dirigida a los estudiantes de secundaria, desde la firme convicción, también como profesor de enseñanza secundaria desde hace treinta años, de que resulta necesario concienciar a las nuevas generaciones en relación con unos hechos del pasado que continúan marcando el presente. No tiene ninguna duda de que es una forma de combatir el creciente desconocimiento que tienen los jóvenes actuales sobre estos hechos y que, con ello, siembra unas semillas necesarias de cara al futuro. Por estas razones, Pinyol da también forma a una guía didáctica para que los distintos temas que aborda su libro se conviertan en material pedagógico en las aulas. Y los medios continúan haciéndose eco de su causa. El 17 de febrero, graba una entrevista para un canal de televisión de Vilanova i la Geltrú (Canal Blau) y el 7 de abril participa, junto con la historiadora Queralt Solé, en el programa *"De boca a orella"* que dirige y presenta en RNE-Radio 4, la periodista Silvia Tarragona. Diez días después, graba en Capellades un nuevo documental, en esta ocasión para la productora noruega Perspektiv Produkjson. Ese día conoce al investigador y documentalista colombiano Manuel Correa.

El 12 de abril Patrimonio nacional solicita al Ayuntamiento de San Lorenzo de El Escorial la licencia urbanística con el propósito de llevar a cabo los trabajos de exhumación de republicanos del Valle de los caídos. Dicha solicitud es concedida el 24 de junio, de manera que se da a Patrimonio nacional licencia urbanística para habilitar el acceso a los osarios y practicar las obras pertinentes para llevar a cabo las exhumaciones.

Pinyol continúa las charlas en los institutos a propósito de su lucha. En el Vall de Tenes de Santa Eulàlia de Ronçana (16 de abril), en el instituto La Candelera de la Ametlla de Mar (5 de mayo), en el instituto Terres de Ponent de Mollerussa (28 de mayo) y en el instituto Ernest Lluch de Cunit (11 de junio). También presenta su libro en La Pobla de Claramunt acompañado desde el escenario por el cantautor Diego Paqué (15 de julio). Tres días después, el 18 de julio de ese 2021, Silvia Navarro comparte con el resto de los familiares el fallecimiento de su tía Carmen Pablo Marco, sobrina de José Antonio Marco Biedma, tío abuelo de Silvia, que lucha por recuperar del Valle de los caídos.

El 31 de agosto Joan Pinyol, junto con su pareja y sus hijos, se desplaza hasta Gavàs (Pallars Sobirà) donde vive Rosa Vilalta Guillamon, que también lucha para sacar a su tío paterno del Valle de los caídos. Rosa es artista y les tiene guardada una sorpresa. Les obsequia con un cuadro que acaba de pintar lleno de símbolos en relación con la lucha de Pinyol. En la obra aparece un roble que representa el amor por el abuelo con tonos rojizos por el dolor causado por la pérdida pero atravesado por una luz esperanzadora. También se divisa un perro como símbolo de fidelidad a la causa y la presencia de los dos hijos de Joan, que se encaminan hacia el roble, que subraya la transmisión de los valores de la lucha a las nuevas generaciones. Desde ese día dicho cuadro ocupa un lugar destacado en casa de Pinyol.

En septiembre Patrimonio envía una carta a los familiares que han solicitado la recuperación de los cuerpos en que se informa que los trabajos van a empezar de inmediato con la primera fase de obras y con una partida presupuestaria de 650.000 euros que ha sido aprobada por el Consejo de ministros. No obstante, la recién constituida Asociación por la reconciliación y la verdad histórica (ARVH) presenta un recurso que solicita la suspensión inmediata de las obras alegando el "Derecho fundamental a la intimidad de los fallecidos y de sus familias y la necesidad de respetar el sagrado reposo eterno que se vería vulnerado si se accede a ejecutar las obras manifiestamente ilegales solicitadas". No es el contratiempo que más altera la AFPERV. El 13 de septiembre fallece también Manuel Lapeña, a sus 97 años, sin poder cumplir el sueño de ver a su padre Manuel Lapeña Altabás y a su tío Antonio Ramiro Lapeña Altabás fuera del Valle de los caídos, fusilados en 1936 y enterrados en el mausoleo franquista, como así lo dictaminó una sentencia histórica cinco años antes que ordenó la exhumación de los restos. Su familia, sobre todo su hija Puri Lapeña y su pareja Miguel Ángel Capapé Garro sienten una rabia y un dolor más que comprensibles por no haber alcanzado el ansiado reencuentro.

Las presentaciones del libro de Pinyol continúan en Carme (3 de octubre), en Calaf (20 de octubre) y en Sant Feliu de Codines (6 de noviembre). El 8 de noviembre sale de imprenta la versión de *Avi, et traure d'aquí!* (Saldonar edicions, 2021), pensada para jóvenes y con la actualización de la lucha hasta ese momento, además de incluir una guía didáctica elaborada por el mismo autor con recursos para trabajar el tema y los hechos en las aulas, y el 18 de noviembre participa en un acto dedicado al periodismo sobre memoria histórica en la Casa del Libro de Barcelona.

Ese mismo 18 de noviembre de 2021, Eva María Bru Peral, jueza del Juzgado de lo contencioso-administrativo número 20 de Madrid, admite el recurso y las demandas de la ARVH y los trabajos se suspenden de manera cautelar, pudiendo llegar a dos años de paralización de las obras, para que se estudie a fondo el recurso interpuesto.

Al margen de este nuevo contratiempo, el 22 de diciembre Pinyol imparte una conferencia en la Facultad de antropología de la Universidad Autónoma de Barcelona titulada "Una lluita per desenterrar la memoria republicana del Valle de los Caídos. Un embat contra l'oblit imposat pel franquisme i a favor de la dignitat de milers de víctimes silenciades" [Una lucha para desenterrar la memoria republicana del Valle de los caídos. Un combate contra el olvido que impuso el franquismo y a favor de la dignidad de los miles de víctimas silenciadas].

El 8 de febrero de 2022, Joan participa en un acto de Memoria histórica titulado "Quan tot ve de lluny. Conversa entre dos llibres" [Cuando todo viene de lejos. Charla entre dos libros] que se celebra en la librería Ona Llibres de Barcelona y que coordina el periodista Joan Julibert a partir de *Avi, et traure d'aquí!* y de la novela *Lena al descobert* de Carolina Montoto, dos libros que claman justicia a partir del legado más oscuro del franquismo. Después, continúa sus conferencias por distintos centros de educación secundaria. En el instituto Ernest Lluch de Cunit (9 de marzo), en el instituto La Candelera, de la Ametlla de Mar (20 de abril), en el instituto Arnau Cadell de Sant Cugat (11 de mayo), en el instituto Molí de la Vila de Capellades (18 de mayo), de nuevo en la Facultad de antropología de la UAB (25 de mayo) y en el instituto Eugeni d'Ors de Vilafranca del Penedès (8 de junio).

El 21 de junio, el Tribunal Superior de Madrid estima el recurso de Patrimonio y levanta las cautelares que pesaban sobre las obras necesarias para exhumar los restos de decenas de víctimas de la dictadura enterradas en el Valle de los caídos, de manera que la reanudación de dichas obras es inmediata con la satisfacción evidente por parte de los familiares.

El 15 de julio de 2022, el gobierno español aprueba el proyecto de Ley de memoria democrática que avanza en el reconocimiento, reparación y persecución de los crímenes del franquismo. Entre otras cosas, establece como "política de Estado" la búsqueda y exhumación de los desaparecidos durante la Guerra civil y la dictadura. El Gobierno prevé entonces redefinir el concepto de víctima, elaborar un mapa para localizar a las personas desaparecidas, crear un banco de ADN y resignificar el Valle de los caídos. Con la nueva ley, el Valle de los caídos pasará a llamarse el Valle de Cuelgamuros para que se convierta en un cementerio civil y en un lugar de memoria democrática. Con la aprobación de este nuevo proyecto de ley, se abre una nueva etapa para las familias que han pedido exhumar parte de los restos del Valle de los caídos. El texto incluye un apartado sobre Cuelgamuros en el que se explica que "se atenderán" expresamente sus reclamaciones. También se indica que las criptas adyacentes a la Basílica y los enterramientos existentes en la misma pasan a tener el carácter de cementerio civil.

Las ya entonces 104 peticiones registradas para poder acceder a las criptas esperan una respuesta decidida tras la reciente parálisis judicial, pero en agosto, se topan con un nuevo obstáculo. El Ayuntamiento de San Lorenzo del Escorial, que tiene la jurisdicción municipal sobre el Valle y que preside Calota López Esteban, alcaldesa por el PP, decide no renovar el permiso de obras que había sido concedido en su momento y que, supuestamente, ha caducado durante el tiempo en que se ha estimado el recurso de la ARVH. La razón que se esgrime es que hay que esperar el pronunciamiento del Tribunal supremo respecto del recurso presentado. Esta decisión política provoca la interposición de una querella por la vía penal en la que se la acusa de prevaricación administrativa en nombre de un familiar de los hermanos Lapeña, Manuel y Antonio Ramiro, y de la presidenta de la AFPERV. En los hechos, el abogado de las familias, el letrado Eduardo Ranz Alonso, menciona el auto, de 30 de marzo de 2016, dispuesto por el Juzgado de primera instancia número 2 de San Lorenzo de El Escorial que reconoce el derecho a la digna sepultura de los dos hermanos. Dicha querella es admitida a trámite por la titular del Juzgado de primera instancia e instrucción número 5 de San Lorenzo de El Escorial.

El 28 de julio, Pinyol presenta *Avi, et trauré de aquí!* en Sant Sadurní d'Anoia y el 15 de agosto el periódico *La Vanguardia* dedica la página "La Contra" a la entrevista que el periodista Víctor Amela realizó al de Capellades a propósito de su lucha. El 10 de septiembre, presenta el libro en la sala de plenos del Ayuntamiento de Llívia, el 1 de octubre en Sant Cebrià de Vallalta y el 27 de octubre imparte una conferencia sobre su causa en la sala de teatro de La Lliga, en Capellades. A finales de noviembre tiene una nueva oportunidad de darla a conocer en los Estados Unidos de América. En esta segunda ocasión, en diversas universidades de la costa oeste donde se imparten estudios catalanes.

Con el título general "Avi, et trauré d'aquí!. Una lluita per desenterrar la memòria republicana del Valle de los Caídos i contra l'oblit imposat per la dictadura franquista" ["¡Te sacaré de aquí, abuelo!. Una lucha para desenterrar la memoria republicana del Valle de los Caídos y contra el olvido impuesto por la dictadura franquista"], y organizadas nuevamente por el Institut Ramon Llull, el 28 de noviembre, Pinyol imparte una conferencia en la Universidad de Standford (San Francisco) ante estudiantes del Departamento de culturas ibéricas y latinoamericanas que dirige el profesor Joan Ramon Resina, jefe del programa de estudios ibéricos de dicha universidad. El día 1 de diciembre, también imparte una conferencia en la Universidad estatal de California en Long Beach organizada por el profesor adjunto de estudiós de traducción de dicha universidad, Adrià Martín-Mor, y dos días después, el 3 de diciembre también da una charla sobre su lucha en el Casal catalán de Los Ángeles, ante la comunidad catalana que reside en el estado de California desde el domicilio del matrimonio formado por Joaquim Madrenas, vicepresidente de la Facultad de Medicina de UCLA, y Teresa de Genover Batlle. A estas tres conferencias cabe añadir dos más, una en la Universidad de California-Berkeley en San Francisco, prevista para el 29 de noviembre y otra en la Universidad de California-Los Ángeles (UCLA) el 1 de diciembre, pero a última hora son canceladas a causa del cese de actividades académicas motivado por una huelga del personal universitario.

El año 2022 acaba con otro varapalo para el colectivo de familiares de la AFPERV. La muerte el día 21 de diciembre en Zaragoza y tras una larga enfermedad, del investigador zaragozano de 64 años Miguel Ángel Capapé Garro, marido de Puri Lapeña y referente de la lucha por la Memoria histórica en Aragón, además de presidente de la Asociación por la recuperación e investigación contra el olvido (ARICO). En su entierro, Silvia Navarro, gran amiga de la familia y luchadora durante años codo con codo con Miguel Ángel, manifiesta que la lucha "para sacar a los nuestros del Valle" seguirá también con la fuerza del empeño del fallecido que ha inculcado en los demás durante tantos años.

Los últimos pasos

El 25 de enero de 2023, la alcaldesa, Carlota López Esteban, declara como querellada ante el Juzgado de primera instancia e instrucción número 5 de San Lorenzo de El Escorial. La regidora de dicho municipio argumenta que las obras previstas en el Valle de los caídos para la exhumación de las víctimas reclamadas se habían paralizado cautelarmente por un juzgado y, si bien después el Tribunal superior de Justícia de Madrid alzó la suspensión para dar vía libre a las obras, la Secretaría del Ayuntamiento consideró que no era procedente seguir adelante en tanto que esa resolución no fuese firme. Con todo, la Junta de gobierno del Ayuntamiento de El Escorial concluye en noviembre que, una vez alzada la suspensión, no tenía que pronunciarse para que se reanudasen los trabajos. El caso sigue su curso.

Mientras tanto, Pinyol sigue extendiendo su causa en diversas poblaciones, en institutos de secundaria y también graba nuevos documentales. El 4 de febrero, imparte una conferencia en Taradell y el 4 de marzo participa activamente en Lleida en la inauguración de un monumento escultórico en recuerdo de las víctimas, entre las cuales su abuelo Joan, del Campo de concentración de prisioneros y presentados que estuvo activo en La Seu Vella de dicha población entre los años 1938 y 1940. En primer lugar, es entrevistado por TV3 a pie del monumento y posteriormente realiza uno de los parlamentos oficiales en representación de los familiares de las víctimas. Ese día, contacta con un equipo de jóvenes periodistas de la Universidad de Lleida, entre los cuales Carlos Roiger, que están realizando el documental titulado "El passat fosc del turó: el Camp de concentració franquista del Castell de Lleida, 1938-1940" ["El pasado oscuro del turó: el Campo de concentración franquista del Castell de Lleida, 1938-1940"]. El 24 de marzo, da una charla a los alumnos de segundo de bachillerato del instituto Vinyet de Sitges y el 31 de marzo imparte otra conferencia en la Torre de Claramunt. El 5 de abril,

Joan Pinyol se reúne con Víctor Borràs, autor y director teatral de la compañía Teatre Nu de Sant Martí de Tous, que está muy interesado en poner en escena la historia de su abuelo. Los dos empiezan a colaborar y a dar forma al futuro proyecto escenográfico.

El 24 de abril se lleva a cabo la exhumación del Valle de los caídos de Primo de Rivera, fundador de Falange que reposaba en la parte frontal del altar mayor desde el 31 de marzo de 1959, el día anterior de la inauguración oficial del monumento. Una vez más, Pinyol piensa que los primeros que tendrían que sacar del mausoleo son los que nunca deberían haber sido trasladados allí. Después contempla, atónito a través de la televisión, como un grupo de falangistas recibe el coche fúnebre a la salida con gritos de "¡Arriba España!" y "José Antonio ¡Presente!", y de nuevo llega a la conclusión de que el franquismo en España se está haciendo muy largo. Sobre todo, al tener noticia de los enfrentamientos que han tenido lugar entre los policías que custodiaban el féretro y un grupo de 200 simpatizantes de la Falange, algunos vestidos con camisas azules y la insignia roja del yugo y las flechas en el pecho. Al grito de "¡Arriba España!" o "¡Gobierno criminal!", esperan la llegada del féretro en el cementerio de San Isidro, en Carabanchel, también cantando el "Cara al sol", teniendo allí lugar enfrentamientos con los agentes de la Policía nacional que intentan mantener el control mediante un cordón policial. El resultado son tres detenidos y una imagen de la España en pleno siglo XXI a la que no da crédito Pinyol.

El 3 de mayo, y desde el cementerio de Capellades, Joan participa en la grabación del documental que está llevando a cabo el equipo de periodistas de la Universidad de Lleida y, coincidiendo con el final del curso escolar, lleva a cabo más charlas en institutos. El 9 de mayo en el instituto de Tecnificació d'Amposta, el 19 de mayo en el instituto Terra roja de Santa Coloma de Gramenet y 6 de junio de nuevo en el instituto Ernest Lluch de Cunit.

El 12 de junio es otro día clave en la lucha de Joan Pinyol para sacar a su abuelo del ahora denominado Valle de Cuelgamuros. Recibe una carta de Fernando Martínez López, secretario de Estado de memoria democrática, relativa a la exhumación de su abuelo. En ella, le informa que se han puesto en marcha las exhumaciones forenses en las criptas de la basílica "que incluyen la búsqueda de su familiar D. Juan Colom Solé" tras superar los múltiples obstáculos jurídicos que se prolongaron durante muchos meses. La carta da cuenta de las fases previstas de ejecución de las obras y añade: "La intervención forense comenzará por resolver los casos solicitados que se encuentren en la Capilla del Santo Sepulcro. Por un lado, hay una sentencia judicial de 2016 que hay que cumplir, relativa al caso de los hermanos Lapeña de Calatayud. Y por otro, es la capilla en la que hay más solicitudes de todo el conjunto de la Basílica", y concluye de esta manera: "El compromiso y la voluntad del Gobierno de España para intentar dar solución a su reclamación, siempre que sea técnicamente posible, sigue intacta y es inequívoca, a pesar de los múltiples obstáculos que se han presentado o puedan presentarse en el proceso".

Joan Pinyol se muestra esperanzado y cauteloso a la vez. Tal y como comparte en distintos foros con los demás miembros de la AFPERV, la solución al suyo y a los otros casos depende de que las obras sean técnicamente posibles y de otro condicionante de tipo político que puede ser igualmente muy determinante, puesto que en el horizonte más inmediato se divisan ya las elecciones generales que el 29 de mayo, tras los resultados de las elecciones municipales, ha adelantado Pedro Sánchez. Y los familiares lo tienen claro. Un cambio de gobierno a favor del PP el próximo 23 de julio hará imposible, una vez más, la solución a unas demandas de exhumación que ya suman décadas y que siempre han dependido de la voluntad política de los gobernantes en España. Mientras espera más noticias sobre el desarrollo de los trabajos de exhumación en el Valle, Joan concede distintas entrevistas a los medios en los que subraya su cautela ante los acontecimientos y su inquietud por tener que esperar a que, tras los trabajos, primero en la capilla del Santo sepulcro y después en la capilla del Santísimo —tal como ha establecido Patrimonio nacional—, le llegue por fin el turno a la capilla del Pilar donde yace su abuelo desde 1990.

El 23 de junio, el Juzgado de primera instancia e instrucción número 5 de San Lorenzo de El Escorial da la razón a la alcaldesa Carlota López Esteban, la exime del delito de prevaricación y acuerda archivar la causa.

El 5 de julio, Joan Pinyol recibe una nueva carta desde la Secretaría de Estado de memoria democrática. En ella, Fernando Martínez López explica el estado actual de los trabajos, que están a cargo de "un equipo técnico altamente cualificado", dando cuenta de las previsiones de futuro "en las próximos días y semanas se irán acometiendo los pisos superiores de la Capilla del Santo Sepulcro, que es la que acumula más solicitudes (en torno a 80 de las 133 que tenemos en este momento) (…) más adelante se pasaría a la Capilla del Santísimo, la segunda que más reclamaciones tiene (39), para finalizar buscando a las personas reclamadas en las seis capillas de la nave central". La carta continúa con una noticia inesperada y cargada de simbolismo. "Me complace comunicaros que los trabajos en el nivel 0 de la capilla del Santo Sepulcro han dado resultados parciales positivos pues se ha localizado la caja 198 procedente de Aldeaseca y Fuente el Saúz (Ávila) que contiene 11 cuerpos de varones y uno de mujer que, en estos momentos, ya han sido objeto de los análisis antropológicos y se está procediendo a los análisis genéticos. Nueve de ellos han sido reclamados a Patrimonio Nacional por sus familiares".

Ahora sí, piensa Pinyol después de leer con emoción la noticia. No tiene duda alguna de que, para todos los familiares demandantes, el hallazgo de la caja 198 supondrá un antes y un después en sus respectivas luchas. Y se alegra enormemente por su amigo Fausto y su tan deseado encuentro con Valerico, su padre. Y en un instante revive todos los contactos con el abulense desde 2008 y todos los empeños compartidos, personal y burocráticamente. También tiene presentes al resto de los familiares de Aldeaseca, que lo acogieron tan bien en su misma asociación y que le mostraron los tristes escenarios donde perecieron y yacieron ocultos después los suyos, y el monumento del cementerio de Pajares de Adaja, que desde hace ya quince años recoge los nombres de las víctimas y espera la recuperación de los cuerpos para su descanso en paz. Es una excelente noticia, sí. Y Pinyol se apresura a contactar con Fausto para felicitarle y unirse a su alegría y a la paz que siente en esos momentos, tras años de lucha tenaz e incansable.

La carta enviada desde la Secretaría de Estado de Memoria democrática acaba con la convocatoria de una reunión el día 10 de julio a las 12 horas en la sala de reuniones de secretarios de Estado y subsecretarios del complejo de La Moncloa "con el fin de informaros sobre los avances de los trabajos y poder plantear las cuestiones que os parezcan oportunas al equipo técnico". Pinyol está decidido a asistir. Ese 10 de julio vuelve a ser un día intenso para él, que sale de madrugada de su pueblo, para coger un AVE en Barcelona directo a Madrid. A su llegada a la estación de Atocha, le esperan para entrevistarlo dos equipos de periodistas, del programa *Tot es mou* de TV3 y de Catalunya Ràdio. Después, se desplaza en taxi hasta la Moncloa y a la puerta de la sala de reuniones se reencuentra con la historiadora Queralt Solé y en el interior con diversos familiares. Fausto Canales, Silvia Navarro, Puri Lapeña, María Ángeles Méndez, acompañada de su hermana y de un primo, el abogado Eduardo Ranz y la procuradora Lucrecia Sevillano, que colabora estrechamente con los todos los trámites de la AFPERV. Tras unos minutos, y siguiendo un protocolo estricto, el resto de los familiares y miembros de asociaciones memorialistas —alrededor de unas 80 personas— toman sus asientos y llenan todo el espacio del público. Y en el escenario se sitúan perfectamente colocadas más de treinta personas con Fernando Martínez López en la primera fila y justo en el centro. Él mismo, como secretario de Estado de Memoria democrática es el primero en intervenir. En primer lugar, agradece la lucha de los familiares y la paciencia que han tenido hasta el momento y aprovecha para subrayar que los trabajos que se están acometiendo en el Valle en ese momento ya estaban previstos hace dos años, pero que distintos recursos presentados por la derecha y la ultraderecha españolas, a través de entidades como la Fundación Francisco Franco y la AVHR, han sido los que han prolongado innecesariamente el inicio de las exhumaciones. Asimismo, subraya el trato asimétrico que han recibido las víctimas de la guerra y de la posguerra en España, y aprovecha la ocasión para manifestar el apoyo absoluto del actual gobierno español respecto de los que desde hace tanto tiempo luchan para recuperar los restos de sus seres queridos. A continuación, presenta una por una, a todas las personas que le acompañan y que forman parte del equipo de trabajo. Médicos forenses, genetistas, antropólogos, historiadores y policía científica, quienes actualmente trabajan diez horas diarias en el interior de la capilla del Santo sepulcro. Después de elogiar su tarea y su formación, hasta el punto de que afirma que es el mejor equipo que se podía reunir para llevar a cabo las exhumaciones, Fernando Martínez les felicita y se congratula por el reciente hallazgo de la caja 198, en la que se ha identificado ya al padre de Fausto Canales, entre otros a los que se busca. Por último, el secretario de Estado explica que en esos días se está trabajando entre los niveles 0 y 2 de la capilla del Santo sepulcro y destaca la colaboración con las universidades de Granada y de Barcelona. A continuación, interviene Paco Etxeberria, que dirige el equipo de forenses. Primero, detalla en qué punto exacto se encuentran las investigaciones y todo lo que ha sido necesario para llevar a cabo los trabajos como la instalación de tubos para introducir oxígeno en el interior de las capillas, medidas de prevención laboral e higiénica obligada a través de equipos EPI que se van cambiando a través de las distintas salas de operaciones, vacunas que han tenido que ser administradas a los forenses, aislamiento absoluto del laboratorio donde son analizadas las muestras de los cuerpos y demás protocolos que han permitido avanzar en las investigaciones. A continuación, Etxeberria proyecta distintas imágenes del interior de las criptas en una gran pantalla, algunas de las cuales resultan muy duras para los presentes, y por último da detalle de las dificultades técnicas con que han topado hasta ese momento (necesidad de apuntalar techos, de colocar tablones de madera encima de las losetas que se añadieron para sumar más niveles de inhumaciones y que ahora hacen posible la circulación del equipo humano que lleva a cabo las tareas de exhumación). Igualmente, detalla el estado en el que se encuentran las cajas, situadas en pilas de seis de diferentes tamaños de manera que, a causa de la humedad acumulada y de las filtraciones del agua de la lluvia, las de los niveles inferiores se encuentran en un estado crítico, debido al hecho de que se han aplastado y deshecho a causa del peso de las superiores. También indica que en la capilla del Santo sepulcro se introdujeron 1057 cajas colectivas e individuales, de manera que allí yacen 4266 personas, de las que ya se han encontrado tan solo 9 de las que buscan. Y añade que, una vez concluidos los trabajos en esa capilla, se seguirá en la del Santísimo donde se sitúa la sacristía y un nivel que se vació en 1990 —donde se encontraba el cuerpo de Joan Colom Solé—, cuyos restos fueron trasladados a dos capillas laterales de la Basílica, que es por donde proseguirán las exhumaciones. Por último, el forense indica que para acometer todas las búsquedas serán necesarios varios meses más de trabajo, de paciencia por parte de todos y de los necesarios paros técnicos. Después de esta intervención, Fernando Martínez cede la palabra a los asistentes. A la pregunta del primero que interviene de qué pasará si el próximo 23 de julio cambia el gobierno de España y el PP toma el poder, el secretario de Estado responde que entre todos tenemos que hacer posible que eso no pase y añade que, aunque una cosa es buscar y otra distinta es encontrar, cada familiar de los que ha tramitado la recuperación de una víctima recibirá en su día un dosier que incluirá toda la documentación relativa a cada caso y los pasos llevados a cabo. Y que, a medida que se vayan identificando víctimas, se irán entregando a cada familiar respectivo para que sean enterradas dignamente en los cementerios de los pueblos de origen, sin que se tenga que esperar el final de todas las búsquedas. Y todo, porque "es una cuestión de Estado, de humanidad y de deber moral por la dignidad de las personas que fueron llevadas al Valle sin el conocimiento ni el consentimiento de sus familias".

El segundo familiar que interviene es Joan Pinyol. Después de agradecer, a todo el equipo y al gobierno actual, los trabajos que se llevan a cabo, también en nombre de todas las familias, repasa el periplo de los dos traslados a que se sometió a su abuelo (desde Lleida, en 1965 y en el interior de la basílica, en 1990), subraya que las cajas que contienen al padre de su madre se encuentran en un perfecto estado de conservación y son de muy fácil acceso, tal como tuvo ocasión de ver con sus propios ojos en 2010, por lo que reclama que, después de 15 años de lucha —algunos, cuando las peticiones de exhumación no llegaban ni a diez nombres de víctimas, codo con codo con Fausto— le resulta incluso cruel que tenga que esperar su turno para recuperar el cuerpo de su abuelo, y más con la amenaza de una mayoría del PP en las próximas elecciones generales, tal como pronostican algunas encuestas. Paco Etxeberria le responde que conoce su caso, que entiende su sufrimiento, y le pide que tenga confianza en ellos porque están dispuestos a intentar exhumar a todas las personas solicitadas. A continuación de Pinyol, son otros los familiares que exponen sus casos y sus demandas y se pone fin a la reunión después de las dos de la tarde. Después, se realiza una fotografía colectiva de todos los presentes y empieza un coloquio informal en el que el de Capellades charla con Paco Etxeberria y le regala un ejemplar de la edición en catalán de su libro *Avi, et trauré d'aquí* (2019). También saluda a Paco Ferrándiz, antropólogo e investigador del csic, comenta con él el estado de los trabajos y le regala un ejemplar de la edición de su libro de 2021. Antes de salir y de reencontrarse con el resto de los familiares, comparte un abrazo entrañable con Fausto. Esa misma tarde es convocado por Manuel Correa en el Matadero centro cultural de Madrid para grabar un documental que forma parte del proyecto "Atlas de la Desaparición", que está elaborando un equipo llamado Oficina de investigación documental con el apoyo de Medialab Matadero. Allí coincide con Silvia Navarro, presidenta de la afperv y con Isabel Fernández Suárez, que acude en representación de la familia de Benito Alonso Sobrón, otra víctima inhumada en el Valle procedente del cementerio de Griñón y que desde su traslado yace en la capilla de África. Ante las cámaras, comparten las impresiones que los tres se han llevado de la reunión en la Moncloa. En el ave de regreso a Barcelona, igual que en cada ocasión que está de vuelta de Madrid aún sin su abuelo, Pinyol llora amargamente por una espera que ya considera eterna. Piensa en las sensaciones que en esos días tiene Fausto Canales tras haber recuperado el cuerpo de su padre y piensa en su madre, que está a punto de cumplir los 93 años y que espera ver regresar a su padre, y durante todo el trayecto le domina una amarga tristeza.

Y llegan las elecciones generales, que además coinciden con el 93 cumpleaños de la madre de Joan. Aunque el pp gana en votos y en escaños al PSOE, el hecho de que no pueda formar una mayoría en el Congreso, ni con los escaños de vox, supone un regalo de cumpleaños más para la única hija de Joan Colom Solé que queda viva. No todo está asegurado, pero como mínimo se mantiene la esperanza de que puedan proseguir los trabajos en el Valle, por lo menos unos meses más, tal como pedía Etxeberria, para satisfacer las peticiones de los familiares.

El día 26 de julio, gracias a la mediación de Lluïsa Llop, diputada por ERC en el Parlament de Catalunya, Pinyol asiste al pleno de la cámara desde la tribuna del público y después se reúne con la consellera de Justícia de la Generalitat de Catalunya, Gemma Ubasart y con Alfons Aragoneses, director general de Memòria democràtica y de otro asesor del Departament de justícia, drets i memòria. Durante más de una hora, se interesan por el motivo y el estado actual de su lucha, y el de Capellades les exige una mayor implicación por parte del gobierno catalán, teniendo en cuenta que desde hace una década y media está luchando de una manera demasiado solitaria, y que desde que comenzó no ha recibido aún ningún apoyo por parte de la Generalitat. En este sentido, insiste en que su causa no es singular sino plural y que afecta a miles de familias catalanas. Al final se emplazan a colaborar mutuamente a partir de ese momento para visibilizar todas las acciones que se lleven a cabo en materia de memoria democrática.

El día 15 de agosto, Fausto Canales comparte en las redes sociales la confirmación de la identificación de la totalidad de las 7 víctimas de Pajares de Adaja que estaban en la caja 198, rescatada del Valle de Cuelgamuros. "Se ha conseguido el pleno de identificaciones de nuestros seres queridos que como sabéis, en acto institucional, se nos entregarán el próximo domingo en el cementerio de su pueblo, el nuestro, Pajares de Adaja. Este próximo 20 de agosto se cumplen exactamente 87 años desde que les sacaron de sus casas para no volver vivos. Ahora les recuperamos y les sepultamos con toda dignidad. Nuestros familiares identificados son: Celestino, Emilio, Flora, Pedro Ángel, Román, Valerico y Víctor. Por fin descansarán entre nosotros. Comparto la alegría del grupo de familiares de Pajares de Adaja con todos vosotros y vosotras. Nuestra lucha, dentro del movimiento memorialista de más de 20 años en este caso, ha dado sus frutos".

Tal y como apunta Fausto en ese mensaje, la Ceremonia de homenaje y acto solemne de entrega a sus familiares de los restos humanos de las víctimas de Pajares de Adaja y Navalmoral de la Sierra se anuncia desde el Ministerio de la presidencia, Relaciones con las Cortes y memoria democrática para el domingo 20 de agosto a las 10 horas en el Parque de la ermita de la Virgen de Rivilla, junto al cementerio de Pajares de Adaja.

El 17 de agosto, aprovechando que Pinyol se encuentra de vacaciones en Madrid con su familia, vuelve a grabar parte del documental con el equipo de Manuel Correa en el local de que disponen en Matadero. En esta ocasión, recrea la visión que tuvo del interior de la capilla del Pilar en 2010 mientras el arquitecto Alejandro García va recreando la disposición de ese espacio en una pantalla gigante.

Finalmente, el día 20 de agosto tiene lugar el acto institucional en Pajares de Adaja de entrega de los restos de las víctimas de esa localidad y entierro en el cementerio local. Pinyol lo vive con una mezcla de alegría por los familiares de Pajares y de tristeza pensando en su abuelo que, tal como comparte en las redes "sigue en el sitio más feo del mundo, mientras el equipo de forenses ha paralizado los trabajos por vacaciones, como si el dolor humano y la indignidad de robar cuerpos se pudieran tomar días de vacaciones". Y no pierde detalle de lo que acontece en Pajares. La expectación que provoca el acto, la multitud que se reúne, los parlamentos de Félix Bolaños, ministro de la Presidencia, relaciones con las Cortes y Memoria democrática; de Fausto Canales y de otros familiares y representantes institucionales. Y el eco que de este acto sin precedentes se hacen casi todos los medios. También de la asistencia de Fernando Martínez, de Paco Etxeberria, de Pepe Álvarez, secretario general de la UGT, entre muchos otros. Pero, sobre todo, a Pinyol le quedan grabadas para siempre las imágenes de los familiares sosteniendo las cajas reducidas que contienen los restos de los familiares. Cuando las ve, llora de emoción desde la distancia. "También te sacaré de ahí, ¡abuelo!", piensa. Aunque le toque esperar todo el tiempo que sea necesario. Días después, contacta con Fausto para conocer su estado de ánimo tras sepultar a su padre en el cementerio y el abulense le contesta: "Querido Joan, ojalá algún día puedas cerrar también tu herida. Deseo con todas las ganas que tú en especial, y también todos los demás, tengáis la misma suerte que hemos tenido los familiares de Pajares y los de Navalmoral de la Sierra. Joan, el domingo pasado cuando recibí los restos de mi padre, es como si hubiera recibido los de tu abuelo. De manera simbólica".

Días después, Joan se pone de nuevo en contacto con Paco Ferrándiz, que forma parte del equipo de trabajo y les plantea lo siguiente: "Estamos muy pendientes y esperanzados por vuestros trabajos en el Valle. Como sabes muy bien, las cajas de la capilla del Pilar —donde yace mi abuelo Joan— están muy bien conservadas y son de fácil acceso. ¿No se podrían sacar y llevar a un laboratorio? Ante la incertidumbre por el posible cambio de gobierno, una vez allí podrían estarse todo el tiempo necesario (…). Disculpa mi atrevimiento y la confianza". El antropólogo del CSIC le responde "Llegaremos al Santísimo en cuanto hayamos acabado en el Santo sepulcro, las cosas están dificilísimas, muchos años, mucha humedad, cajas originarias de madera (...) sin la foto de EFE de 1959, por ejemplo, jamás hubiéramos encontrado la 198. La existencia de esa foto (y que marcará la ubicación de la caja) es casi un milagro. Lástima que para el resto vamos a ciegas. Creo que eres muy consciente de la dificultad extrema de los restos que llegaron de Lleida, pero las buscaremos con el mismo ahínco que todas las demás. Sé que no estáis de acuerdo en que se haya parado parte de agosto en las criptas, pero el trabajo ha seguido en los laboratorios y otras muchas tareas asociadas para procesar lo que vamos encontrando. El trabajo en criptas es tremendo y el equipo estaba exhausto. Espero que lo podáis entender". Pinyol lo entiende perfectamente, pero insiste "Claro que lo entiendo. Después de 15 años de lucha es un sueño hecho realidad que estemos hablando de las exhumaciones en curso en el Valle. Ya os lo apunté y os lo agradecí el pasado 10 de julio en la Moncloa. Pero entiende mi inquietud con una madre de 93 años que tiene la esperanza de ver regresar el cuerpo de su padre a Capellades. Entiendo el paro en agosto. Solo pensé que es una lástima que no se disponga de un doble equipo para que se turnase en los trabajos. Y solo quiero recalcar mi ímpetu en proponeros que abordéis la posibilidad de intervenir en la capilla del Pilar que, después de ver su interior en 2010, creo que no hay ninguna dificultad para extraer las cajas y disponer de los cuerpos para su identificación. Un día Paco Etxeberria preguntó a Silvia Navarro cuáles eran los cuerpos más fáciles de obtener y ella le respondió que los del Pilar. De ahí viene mi inquietud. Quizás, si se hubiera empezado por allí, ahora mi madre se sentiría como Fausto. Con la herida cerrada en su corazón". A lo que Paco Ferrándiz añade: "Lo entiendo perfectamente, son gente muy, muy mayor que ha sufrido demasiado (...) puedes estar seguro de que vamos lo más rápido que podemos dentro de la extrema dificultad (...) Por ejemplo, en el nivel 0 donde estaba la 198 hay más de 1.000 cajas y más de 4.000 personas enterradas, lo de la aguja en un pajar se queda corto (...) Te aseguro que solo este equipo tiene la capacitación para entrar con solvencia, yo los veo trabajar y me quito el sombrero (...). Son únicos (...) el orden de entrada tiene que ver con el número de solicitudes (muy superior en el Santo sepulcro) más el diseño que hizo Patrimonio (especialmente). Y en el acuerdo que tenemos con ellos tenemos que seguir el orden que nos establecen. Lo bueno es que el resultado de las elecciones nos da un respiro con el que no contábamos (¡de creer algunas encuestas electorales!). Ahora cuando volvamos iremos del tirón (...) Además, tenemos mucha más experiencia que cuando entramos en junio, y mejor criterio para trabajar de una forma más orientada, ¡abrazo!".

Los familiares que esperan recuperar los restos de los suyos viven en una continua cuenta atrás, sobre todo pensando en los hijos de esas víctimas inhumadas en el Valle que por su edad avanzada han fallecido durante esta espera desesperante sin ver el regreso de sus padres a los pueblos de origen. En julio y a sus 93 años murió Ángel Cambronero López. Era hijo de Jacinto Cambronero, una de las víctimas de Torrijo de la Cañada que se encuentra en el Valle y que representa Sagrario Fortea desde la AFPERV. Y ese mismo mes también murió a los 86 años José Cansado Pérez, hijo de José Cansado Lamata, otra víctima trasladada al Valle y abuelo de Paco Cansado Blesa, también miembro de la AFPERV.

El 30 de julio, el periodista Fran Serrato publica en theobjetive. com un artículo con el título "Las víctimas del Valle de los Caídos reprueban al Gobierno por el parón en las exhumaciones" tras el cese de las obras en agosto por vacaciones y con la actual incertidumbre política que dejaron las elecciones el 23 de julio. "Entendemos que la gente tenga vacaciones, pero deben entender que llevamos décadas esperando", afirma una de las familiares. Y la lucha sigue. Y los trabajos de exhumación de los cuerpos de las víctimas que han sido solicitadas, prosiguen en septiembre.

El 18 de noviembre Pinyol da a conocer su lucha y su libro en Solivella y el 12 de diciembre, Fernando Martínez López, secretario de Estado de Memoria democrática, envía una carta a algunos de los familiares de las víctimas enterradas en el Valle de los caídos, en la que les convoca a una nueva reunión con el equipo encargado de las exhumaciones en el Complejo de la Moncloa el día 19 de diciembre a las 12 horas "con el fin de informarles sobre los avances en la investigación de las cajas de Calatayud, Biota y Quinto y para recibir de primera mano información sobre el avance de los trabajos y poder plantear las cuestiones que les parezcan oportunas al equipo técnico". Aunque este aviso no va dirigido a todos los miembros de la AFPERV los familiares de dicha asociación, entre ellos Pinyol, comparten con ilusión la nueva expectativa que se abre en el Valle.

Pero el día antes de la reunión, 18 de diciembre, los medios se hacen eco de otro varapalo para los familiares de los inhumados en el Valle contra la voluntad de las familias. Un juzgado de lo contencioso-administrativo estima el recurso de una mujer, nieta de una persona enterrada en la basílica, y la Audiencia nacional paraliza de forma urgente los trabajos en Cuelgamuros mientras da tres días a la abogacía general del Estado para hacer alegaciones. El pleito nace a raíz de la petición de medidas urgentes de una mujer, representada por Abogados cristianos, cuya abuela está enterrada en la capilla del Pilar, donde se encuentra también el abuelo de Pinyol. Esta organización ultra de letrados asegura que los trabajos implican "cierto grado de profanación" y que para hacer pruebas de ADN a los restos mortales de las criptas "no han solicitado consentimiento a los familiares". Sobre el papel, entienden que se está vulnerando su derecho a la libertad religiosa.

Más que desánimo, porque ya está acostumbrado a estos descalabros, lo que provoca la rabia más profunda de Pinyol es que los mismos partidarios que durante la dictadura no tuvieron ningún reparo en aprovecharse impunemente de los cuerpos de las víctimas perdedoras de la guerra y profanarlas a su antojo e interés, ahora se empeñen en obstaculitzar la recuperación de unos cuerpos profanados en aras de una supuesta defensa de la dignidad de otras personas. Pensando en su abuelo, considera que todo ello es de una inhumanidad mayúscula.

A la nueva reunión en Moncloa, acude además de otras, Silvia Navarro, presidenta de la AFPERV, que después da cuenta a los demás familiares de todo lo que acontece en dicho encuentro con el equipo técnico que trabaja en el Valle. Les comparte que actualmente se está trabajando en el nivel 2 de la capilla del Santo sepulcro y que en la reunión se ha informado de la localización de cajas de distintos municipios de Aragón procedentes de Calatayud, Borja, Biota, Quinto de Ebro, Munébrega, Morata de Jalón, de Ateca, de Torrijo de la Cañada y también de Esplugas de Francolí (Catalunya) a las que aún no se han realizado los análisis genéticos. También les comparte que después de la capilla del Santo sepulcro los técnicos van a continuar los trabajos en la capilla del Santísimo y posteriormente se dirigirán a las capillas laterales de la Basílica.

El gobierno, a través del ministro de Memoria democrática, Ángel Víctor Torres, decide recurrir la paralización de las exhumaciones y el 21 de diciembre, siete días después de la suspensión cautelar, la Audiencia nacional autoriza la reanudación de los trabajos y concluye, tras recibir las alegaciones de Patrimonio nacional, que la demandante carecía de legitimidad para reclamar la paralización.

Esperar y jamás desesperar. Luchar contra el olvido y romper el silencio después de demasiado tiempo de bocas cerradas por el miedo. Mantener siempre la firmeza y las convicciones, ante cualquier embate que les haga tambalearse. Aferrarse al minúsculo espacio que hay entre lo que es imposible y lo que es difícil. Pinyol sabe muy bien que sacar a su abuelo del Valle de Cuelgamuros es difícil, pero no imposible. A lo largo de estos quince años de lucha constante, nunca ha entendido el porqué de tantas dificultades. No reclama ninguna reparación económica por el daño que ha sufrido su familia. Tampoco pide que se juzguen unos hechos casi olvidados por tantos años de silencios impuestos. No le mueve ninguna sed de venganza contra un Estado español que hace cincuenta y ocho años profanó la tumba de Joan Colom Solé e interrumpió bruscamente su descanso eterno por razón de unos intereses mezquinos. Solo pretende deshacer el nudo que la dictadura impuso en el corazón de su familia y enterrar de una vez por todas el cuerpo de su abuelo en su pueblo, al lado de su esposa. Volverlos a hacer coincidir en el espacio y en el tiempo, en la paz de la muerte después de una vida que los separó de forma triste e injusta. Tampoco ha entendido nunca que una demanda como la suya, que incide en los sentimientos más humanos y en el derecho de las personas de poder homenajear los antepasados donde precisen las familias y no donde quiso un dictador, no haya removido ni tan siquiera un ápice la conciencia de algunos representantes de la iglesia católica que se encargan de custodiar los cuerpos enterrados en el Valle, según un mandato del mismo Franco, aún vigente. De verdad que no se explica que aquellos a los que se presupone un amor al prójimo y una firme caridad cristiana, se hayan convertido precisamente en un muro infranqueable más y en un incómodo obstáculo ante una petición tan humana como la suya, la de reunir a sus abuelos tras su muerte. Igualmente, no entiende la pasividad manifiesta de los diversos gobiernos de España, también los catalanes, respecto a su demanda humana y no tiene más remedio que constatar, con mucha tristeza que, una vez más, algunos de los derechos fundamentales de las personas, como el culto a los difuntos, dependan de la voluntad política de turno. Y para ejemplo que duele, los Hermanos Lapeña, que siete años después de la sentencia judicial firme que les facultaba a ser exhumados y a tener una sepultura digna, todavía yacen a la fuerza en Cuelgamuros.

Pinyol conoce el lugar exacto donde descansa su abuelo Joan. Hace trece años lo tuvo a escasos metros. Además, durante este tiempo se ha progresado mucho en las técnicas de identificación genética de cuerpos, tal y como se demuestra continuamente en la recuperación de cadáveres por todo el mundo tras las diversas tragedias humanas que sufren diversos países. Por todo ello, no llega a comprender por qué el Estado español ha tardado tanto en empezar a resolver el agravio que sufren desde hace décadas los familiares de las víctimas inhumadas en el Valle.

Siempre ha habido gobernantes y gobernados. Personas que dictan las órdenes y otros que deben cumplirlas. Joan Colom Solé fue movilizado por el gobierno de la República en el tiempo de descuento de la guerra ocasionada por la sublevación franquista contra ese legítimo gobierno. Tenía cuarenta años, una esposa y tres hijos. Podría haberse escondido durante el final de un conflicto bélico que ya estaba decantado del lado rebelde. No obstante, cumplió con la obligación oficial y se sometió a los golpes de efecto de un azar que se empeñó en complicar su existencia. Hasta que murió solo y lejos de sus seres queridos, que es lo que más amaba en el mundo.

Joan Pinyol ha heredado de su abuelo esta actitud de compromiso. Cuando tuvo conocimiento de la triste historia del padre de su madre, se marcó el firme propósito de sacarlo del monumento ignominioso al que lo llevaron, con nocturnidad y alevosía. Continuará llevando a cabo los trámites y las peticiones que sean necesarios. Se asociará con todos los familiares que se encuentren en su mismo caso. Denunciará los hechos a los medios de comunicación siempre que se lo propongan. Le anima una causa tan profunda que no piensa cesar nunca en su empeño. Si es necesario, contactará con organismos e instancias superiores -tanto políticos como religiosos- y presionará al gobierno español por todos los medios que tenga a su alcance. El camino que ha recorrido no tiene marcha atrás. Solo le queda la posibilidad de compartirlo con todas las personas que quieran acompañarle y mostrárselo a sus hijos con el fin de que, si es necesario, también lo recorran con renovadas esperanzas.

No hay puertas cerradas, estas son solo difíciles de abrir. Un día las abrirá por la dignidad de los suyos. Por el amor infinito y profundo que siente por su abuelo. Y ese día, más cercano o lejano, y superado todo, lo sacará de ahí.

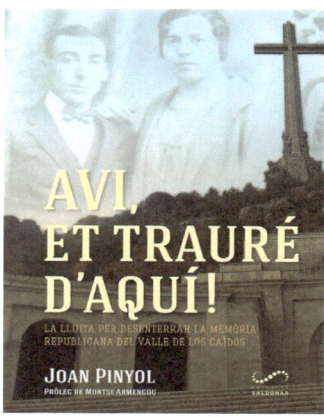

Portada de la edición en catalán del libro (Saldonar edicions, 2019)

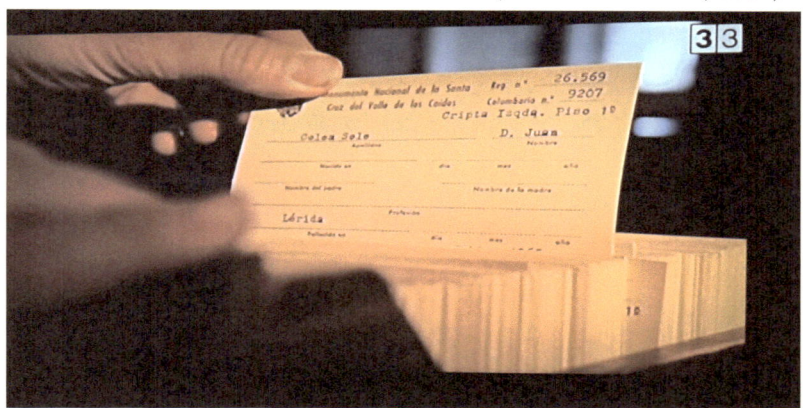

Ficha correspondiente a Joan Colom Solé
que forma parte del archivo del Valle de los caídos

Una de las más de setenta charlas que Joan Pinyol ha realizado
a propósito de su lucha

Fotografía de la capilla del Pilar realizada por el mismo Joan Pinyol
en 2010 en su visita a las catas realizadas en las criptas

Artículo de prensa que se hace eco de la lucha de Joan Pinyol

CARTA A MIS HIJOS

Queridos hijos,

La palabra más cálida siempre la tenemos en el alma. Esta no es una carta más ni una carta cualquiera. Es el fiel reflejo de los sentimientos que quiero compartir. Poderos escribir me emociona enormemente, no solo porque la escritura me regala placeres frecuentemente sino, y sobre todo, por la posibilidad de hablaros, de desahogar a través de unas letras que me dicta el corazón lo que siento ahora mismo.

Ya han pasado nueve y seis años, respectivamente, desde que nacisteis. Recuerdo que cuando lo hiciste primero tú, Bernat, estuve dos días conteniendo el llanto, hasta que toda la felicidad que anidaba dentro de mí me sobrepasó y estalló en forma de lágrimas. Con tu llegada, Itzel, primera estrella de la tarde, volvieron a descender llantos de alegría infinita con el peso de otro amor incondicional. Sabéis que soy un hijo que no ha tenido nunca padre (vuestro abuelo Joan murió trece días antes de que yo naciera) y un nieto que nunca ha tenido abuelos (tampoco conocí las parejas de las dos abuelas). Por ello, vuestra llegada al mundo desdibujó enseguida mi eclipse interior y me llenó de luz.

Con Magda, vuestra madre, celebramos esta luz cada noche cuando os damos el beso y el abrazo de buenas noches. Al día siguiente nuestros ojos os buscan en todo momento para ver si adivinamos el instante invisible en el que crecéis por fuera y por dentro. Acompañaros en este camino de descubrimientos es un auténtico privilegio para los dos. Un regalo de la vida que solo se desenvuelve con amor sincero. Si os lo dijera en persona, la voz se me entrecortaría. Porque lo escribo pensando en nuestra familia y en todos los padres y madres que se han marchado prematuramente de este mundo sin ver crecer las semillas que sembraron. Hombres y mujeres jóvenes que fallecieron como una flor en medio del verano, en pleno estallido vital, contra natura, fuera de hora, demasiado pronto. Como vuestro abuelo Joan. Como mi abuelo Joan. En circunstancias diferentes y casi a la misma edad. Pero a pesar de las ramas cortadas, nuestra familia, como tantas otras que han vivido tristezas tan profundas, continúa rebrotando, enfrentada a los vientos fríos y aferrada a la vida.

Desde que el mundo es mundo ha habido guerras, odios y disputas que no han solucionado nada y que solo han dejado una huella de dolor y de destrucción personal y social. La Humanidad, obstinada y terca, no quiere aprender la lección de paz y continúa perpetuando unos agravios contra la integridad de las personas y de los colectivos que cuestan tanto tiempo de cicatrizar que no cicatrizan nunca. Los pueblos, las ciudades, los países y los continentes se construyen a lo largo de muchos años y de un buen número de esfuerzos. Solo se necesita un fatídico segundo de tiempo para reducir todo al polvo de escombros salpicados de dolor entre gritos escalofriantes.

Si tuviera el don de hacerlo posible, quisiera proyectaros hacia un mundo sin conflictos entre las personas, sin bombardeos indiscriminados, sin obsesiones por obtener el poder con la fuerza de las armas. Sin desigualdades económicas que se convierten en una condena a muerte para los pobres que cada vez son más pobres junto a unos ricos que cada vez son más ricos. Sin mares que engullen la brizna de vida que les queda a aquellos que tienen que huir de la muerte en sus países. Sin hipocresías por parte de gobiernos que tienen el drama junto a la costa y miran hacia las montañas. Sin atentados ni agresiones en nombre de ninguna fe ni de ningún afán de conquista. Quisiera no tener que temer nunca ni por vuestra vida ni por la vida de nadie, y que no se volviera a verter, en ningún rincón del planeta, ni una gota más de sangre inocente. Quisiera que la paz fuera una epidemia de alcance mundial para la que no hubiera nunca cura. Quisiera que no se encarcelara más la libertad de nadie ni se sentenciara injustamente el destino de ninguna persona. Quisiera que el mundo que construirá vuestro futuro extinguiese para siempre cualquier forma de sufrimiento. Tanto para los que caen en la lucha particular para conseguir un mundo más justo como para sus descendientes, durante décadas. Quisiera que el derecho humano de poder homenajear dignamente a los que han muerto en cada familia se preservara, y que nunca más, nadie, en ninguna parte, los llegara a condenar a un olvido impuesto bajo el polvo de los tiempos. Y quisiera que las únicas lágrimas derramadas por doquier fueran de felicidad, como las que me desbordaron dos días después de ser padre por primera a vez. Puestos a querer, quisiera que se impusiera el poder de este querer. El amor incondicional y el respeto permanente hacia los otros, sin distinción por razón de nada.

Aún sois muy tiernos para entender las nefastas consecuencias que tiene un enfrentamiento armado para cualquier orden de cosas. A tus seis años, Itzel, 6 como el final del primer año del golpe militar contra la República y a tus nueve años, Bernat, 9 como el año en que se terminó el enfrentamiento a favor del ejército rebelde, los corazones tienen una proporción tan grande de bondad y de inocencia que no tiene cabida la malicia. No dejéis nunca que en vuestras almas germine ni la más pequeña semilla de odio. Amad siempre la vida, la vuestra y la de los que os rodean. Vivir es un mosaico de colores. Que nadie aplaste nunca más la belleza eterna de las mariposas.

En 2008 viví emociones muy intensas. Después de haberla buscado durante meses a través de las redes sociales, volví a conectar con una rama de la familia de mi padre que se había establecido en Argentina. En 1909, huyendo de otra guerra, la de Marruecos, un hermano del abuelo Florenci, Justino Pinyol, desoyó la llamada del gobierno que lo condenaba a una muerte segura en las montañas del Rif y se embarcó hacia la vida. Tenía 19 años. Después de un mes de travesía hasta Buenos Aires, se estableció finalmente en la provincia de Córdoba y con el tiempo se convirtió en un cocinero reconocido. Se casó y tuvo siete hijos. La última noticia que tuvimos desde Capellades fue la de su muerte en 1938. La viuda envió a casa de los abuelos Pinyol una fotografía en la que aparecía rodeada de las siete criaturas. En el reverso constaba el nombre de una pequeña población, Santiago Temple (Córdoba). Nada más. Aquel año 1938 los abuelos Pinyol empezaron a sufrir el agrio desconcierto por el hijo que no volvía de la guerra. Formaba parte de la "Quinta del biberón", hacía poco que había cumplido dieciocho años y no volvió nunca más. Se llamaba Josep Pinyol, era el único hermano de mi padre, y fue otra flor que murió en verano, contra natura. Durante años intenté encontrar la rama familiar argentina y el día de mi cumpleaños de aquel año recibí un correo electrónico desde Santiago Temple firmado por una biznieta de Justino Pinyol. Acabábamos de cerrar un círculo mágico. El verano siguiente los fuimos a encontrar con vuestra madre y vivimos unos días de una gran intensidad emocional. Tal vez, también porque hice ese viaje con el corazón roto.

Pocos meses antes, casi por azar, hice uno de los descubrimientos más tristes de mi vida en relación con el padre de vuestra abuela Laura, mi abuelo Joan. También fue una víctima de aquel golpe militar de 1936

193

contra el gobierno legítimo. Al final del enfrentamiento bélico, cuando ya no había nada que hacer para frenar el avance del ejército insurgente, respondió a la llamada del gobierno republicano y con cuarenta años y tres hijos de edades como las vuestras, fue movilizado en la retaguardia. No entró nunca en combate. Durante cinco meses sufrió el obligado alejamiento de los suyos. Les echó mucho de menos. Sufrió frío y hambre en medio de un contexto de muerte por culpa de unos militares que no amaban la vida. Vuestro bisabuelo, Joan Colom Solé, era un hombre bueno, amigo de la gente y del vivir, pero la maldad le declaró la guerra. Y le venció. Sin tener un enfrentamiento, ni un disparo, ni una mala palabra para nadie. Ni siquiera hacia aquellos que le encarcelaron. Una mañana de principios de marzo, cuando la vida vuelve a sacudir los campos, murió en la catedral de Lleida, La Seu Vella, en una prisión infame. Lo enterraron en una fosa del cementerio de aquella ciudad, demasiado lejos de Capellades para poder venerarle a menudo. La abuela Teresa, como tantas otras mujeres del país que de un día para otro vieron cómo se deshacía su mundo, tuvo que arremangarse y hacer de tripas corazón, con los ojos llorosos y una expresión en todo momento triste. Así sacó a la familia adelante y a través de su hija pequeña, vuestra abuela Laura, nos permitió estar hoy aquí. Vuestra bisabuela murió sin saber que la malicia humana, siempre hambrienta por devorar historias personales, aún no tenía suficiente.

En la oscuridad de una noche y de una manera tan secreta como inhumana, más de dos décadas después del entierro de vuestro bisabuelo Joan, la dictadura tuvo la macabra idea de vaciar miles de fosas y de llevarse los cuerpos hacia el mausoleo que había construido el dictador, a unos cuantos kilómetros de Madrid. Entre ellos, el de vuestro bisabuelo junto con más de quinientos otros que fueron trasladados desde Lleida. Les quitaron la vida durante el combate y sin entender que la muerte nos iguala a todos, tantos años después aún fueron capaces de truncarles el descanso eterno sin notificarlo nunca a las familias. Sé que cuesta de entender que alguien pueda llegar a ser capaz de algo así. La crueldad humana no tiene límites.

Cuando descubrí esta barbaridad, después de haber visitado en más de una ocasión la fosa donde creíamos que se encontraba vuestro bisabuelo, noté cómo se sacudía violentamente todo lo que había creído hasta ese momento. El dolor por la muerte de vuestro bisabuelo, que aún requemaba en la familia, se convirtió en una rabia inconmensurable que difícilmente se puede describir con palabras y que me duele mucho tener que compartir con vosotros. Entonces me propuse reconstruir la historia para saber todo lo acontecido y me marqué uno de los objetivos que desde entonces guía mis días. Sacar a vuestro bisabuelo del lado de su verdugo y enterrarlo junto a vuestra bisabuela Teresa, en Capellades, de donde no debería haber salido nunca.

Si aquel 2008 fue un año de emociones familiares fortísimas, vuestra llegada al mundo durante los años siguientes me ha dado renovadas fuerzas para esta lucha y ha afianzado aún más si cabe en mí el sentimiento de sincera estima hacia los nuestros. Vuestro bisabuelo Joan ha sido para mí el mejor ejemplo de ello. Aunque no pude conocerle en persona, su voz me ha llegado bien nítida a través de las cartas que envió a vuestra bisabuela Teresa mientras estuvo movilizado durante el conflicto armado.

La palabra emocionada es la única que sobrevive al tiempo y deja huella. Durante cinco meses aquellas cartas, escritas con el miedo a la muerte y con la fuerza del amor que sentía por su esposa, fueron el único aliento de esperanza que le dio el coraje necesario para no desfallecer durante meses. En todo momento tenía la ilusión de dejar atrás el mal vivir al que le sometía esa movilización militar para poder deleitarse el resto de su vida junto a lo que más quería. Sentía una profunda añoranza de vuestra bisabuela y de sus tres hijos pequeños. Pienso en ello unos instantes y me estremezco. No me puedo imaginar el tener que separarme forzosamente de Magda, vuestra madre, y de vosotros y echaros de menos en medio de un escenario de guerra y de muerte. No poder recibir el reflejo de vuestra luz entre tanta niebla, ni abrazaros cada anochecer con la fuerza de una profunda estima. Ni sentir vuestro calor sobre la piel cuando ahí fuera el frío del mundo estalla contra las ventanas de casa.

El otro objetivo que me marqué, tan pronto como conocí unos hechos que habían sido escondidos expresamente, fue darlos a conocer a todo el mundo, para que la sociedad, empezando por nuestros administradores políticos, tomara conciencia de su gravedad e intercediera a favor de los familiares afectados de manera directa. La nuestra, no lo olvidéis nunca, es una lucha contra el olvido que pretende exhumar la verdad, aunque sea tan dolorosa. El ejército de Franco causó la muerte de vuestro bisabuelo

Joan, lo enterraron donde quisieron y veintiséis años después profanaron su tumba y se lo llevaron para que reposara en uno de los lugares más feos que han visto mis ojos. El Valle de los caídos. No muy lejos de donde todavía en el siglo XXI reposa el dictador con grandes honores y una vergonzosa veneración. Pero además condenaron las familias de las víctimas a un silencio impuesto. A un encarcelamiento de las palabras custodiadas durante décadas por los carceleros del miedo. Este es también nuestro caballo de batalla. Explicar los hechos a todo el mundo. A los que también tienen padres o abuelos enterrados allí y a los que aún lo desconocen. No dejéis nunca que nadie os quiera convencer de que lo que pretendemos es reabrir heridas. Respondedles siempre que es una manera de cerrarlas de una vez por todas, porque no se cerraron nunca.

Estos años de lucha han puesto a prueba mis ánimos y mi determinación. He topado con muros infranqueables que me han provocado desánimo. También me han rasgado las esperanzas unas cuantas puertas cerradas por parte de políticos, de juzgados y de todo tipo de organismos oficiales. Sí, a mí también me resulta increíble. Una petición tan humana, tan digna, tan íntima como querer tener el abuelo enterrado junto a la abuela, no donde decidió la dictadura franquista, ha merecido un buen número de negativas por parte de personas, incluso con túnicas eclesiásticas, que no saben y seguramente no sabrán qué es sufrir nuestro agravio. No importa. A mí no me dan miedo las tormentas. Incluso me animan más a la hora de alcanzar los objetivos marcados.

También tengo la suerte de compartir este tramo del camino con muchas personas magníficas. Profesionales de los medios que me dan voz y que siguen siendo excelentes compañeros de viaje. Además, con otros familiares que sufren circunstancias comunes y que desde hace muchos años cada día desafían el embate de la indiferencia. Y también con un grupo creciente de amistades sinceras que me aportan un calor imprescindible para una causa tan gélida. El nombre de vuestro bisabuelo, como ejemplo de tantos otros, ha resonado con fuerza y en más de una ocasión en el Congreso de los Diputados. Después de ver el documental "Avi, et trauré d'aquí!" del programa Sense Ficció de TV3, desde diferentes lugares del país varias personas me han venido a encontrar con emoción contenida. En este momento son muchos los que están expectantes del desenlace de toda esta situación. Si un día alguien quiso imponer silencio, que se remueva ahora bajo un clamor cada vez más alto. La muerte puede imponerse a la vida. El recuerdo de las víctimas es inmortal.

Lo vamos a conseguir, hijos. Sacaremos a vuestro bisabuelo de allí, no tengáis ninguna duda. Seremos siempre perseverantes, firmes, tenaces, dignamente tercos. Tendremos que contrarrestar nuevos embates contra la proa de nuestros deseos, pero no nos detendremos jamás en nuestro propósito y algún día lo traeremos de vuelta a casa.

Lo haremos por la familia. Por vuestra abuela Laura, que es el eslabón más sensible que podíamos tener entre el pasado y vuestro futuro. Por la bisabuela Teresa que supo coser como nadie un amor sin desgarros y por él, vuestro bisabuelo Joan, que, seguro que ahora nos mira, una vez más, con la estima que sentía por todos cuando se fue de este mundo. ¡Os quiero, hijos!

Joan Pinyol Colom
Capellades, febrero 2019-diciembre de 2023

AGRADECIMIENTOS

Este libro es el resultado de la colaboración directa y entusiasta de muchas personas. Las más cercanas me han aportado unos testimonios orales de gran valor y una documentación idónea para poner los hechos en su contexto. Otras me han facilitado los documentos públicos necesarios desde distintos ámbitos de difusión y de estudio.

Entre las primeras se encuentran sobre todo mi madre Laura Colom Comabella y también su hermana Nuri Colom Comabella, las dos hijas de Joan Colom Solé que, desde que se inició mi lucha en 2008, me han alentado para llevar a cabo todas las acciones y se han convertido en el enlace perfecto entre mi abuelo y yo. Mi tía Nuri murió el 17 de diciembre de 2020, pero su determinación para recuperar el cuerpo de su padre continúa muy viva dentro de mí. También me han sido de gran ayuda otros familiares directos como mi otra tía, Manuela Álvarez Fidalgo (†)—que era la viuda de mi tío Joan Colom Comabella—, Aurora Colom Saumell, Joan Colom Saumell, Laura Pinyol Colom, Toni Massana Álvarez (†), Pilar Colom Martorell, Manel Gastón Colom, Josep Colom Martorell, Josep Bartrolí Busqué (†), Montserrat Ulldemolins Soldevila, Teresita Colom Garcés, Montserrat Valls Colom, Josep Valls Colom, Joan Valls Colom y Mercè Colom Álvarez.

Entre las segundas quiero agradecer las aportaciones desde diferentes ámbitos por parte de Jordi Creus Esteve, Sílvia Marimon Molas, Queralt Solé Barjau, Joaquim Aloy Bosch, Montse Armengou Martín, Ricard Belis Garcia, Robert Casas Roigé, Josep Rovira, Aurora Garriga Badia, Pere Guixà Mabras, Marta Carnicé Soria, Laura Rosel Solà, Ana Miranda, Mònica Hernández Cilleros, Elena Marisol Brandolini, Roger Herèdia Jornet, Marc Antoni Malagarriga-Picas, Conxita Mir Curcó, Teresa Ibars Chimeno, Maria Lluïsa Terés, Marta Manconi, Abigail Sagarra, Fausto Canales Bermejo, Silvia Navarro Pablo, Puri Lapeña Garrido, Miguel Ángel Capapé Garro (†), Maribel Luna Baragaño, Paco Cansado Blesa, Iñigo Jaca Arrizabalaga, Mercedes Abril Alonso, Sagrario Fortea

Herrero, Rosa Vilalta Guillamon, Jesús Caravaca García, María Ángeles Méndez Sandamil, Isabel Pérez Pérez, Eduardo Ranz, Rosa Gil Rodríguez, Pepe Galán, Julieta Pérez, Fernando González González "Gonzo", Marta Vives Sabaté, Elsa Úbeda Gonzalo, Noemí Martínez Andreu, Yolanda Enjuanes, Josep Cruanyes Tor, Joan Herrera Torres, Laura Aubert Ribas, Àlex Cervera Forcadell, Helena García Melero, Francesc Besses Méndez, Albert Om Ferrer, Roger de Gràcia, Josep Feixas, David Gesalí Barrera, David Íñiguez Gràcia, María Victoria López Benito, Mariona Parcerisas, Arnau Olivé, Sònia Magallon, Eva M. Sabaté, Aleix Auber Álvarez, Àngel Soteras Largo, Eusebi Mallén Aloy, Marta Morató, Axel Baiget Morreres, Almar Baiget Morreres, Miquel Giménez López, Olga Aloy Periago, Lourdes Munné Sellarès, Jordi López Alert, Guillem Guarro Bars (†), Ton Argelich Iglesias, Josep Margarit Vich, David Grau, Joan Serra Palazón, David Pons Rodríguez, Joan Valentí Cortès, Jordi Castellví Girbau, Enric Costa, Helena Martí, Núria Sabater Amat, Rosa Guixà, Montserrat Beltran, Bernat Roca Pascual, Juan Escalona Ruiz, Pere Mayans Balcells, Gemma Salvia Cáceres, Xavi Castells Mota, Ana Martínez Ureña, Jordi Palou Masip, Gerard Pamplona Molina, Joan Baigol Guilanyà, Joan Oms Pallisé, Oriol Vidal Gabarró, Mar Sainz Roca, Manuel Correa, Manuela Sancho, Diego Guerrero, Alejandro García, Simón Isaza, Lucas Orozco, Concha García, Oscar Hernández, Bea Abbott, Carmen Bellas, Ana Bustamante, Emil Olsen, Julia Ratanskaite, Katherine Galdeano, Oriol Riart Arnalot, Tania Lobato San Miguel, Josep Vallès Cuevas, Anna Rialp Cercós, Dani Mayor Sabater, Diego Paqué, Miquel Gutiérrez Poch, Marc Sánchez, Joan Julibert, Víctor Amela Bonilla, Joan Ramon Resina Bertran, Adrià Martín-Mor, Joaquim Madrenas Planas, Teresa de Genover Batlle, Míriam Martínez Raurell, Magda Ballester Sirvent, Oriol Andrés, Guifré Muixí, Carles Roiger, Miquel Pueyo París, Jaume Riba Bayo, Víctor Borràs Gasch, Fernando Martínez López, María Ángeles Méndez, Lucrecia Sevillano, Paco Etxeberria Gabilondo, Paco Ferrándiz Martín, Jordi Buch Tobella, Loli Chacón Molina, Gemma Ubasart González, Alfons Aragoneses Aguado, Isabel Fernández Suárez, Neus Díaz Montané, Mariola Torralbo Miralles, Victoria

López Benito, Elies Nova Inglès, Xavier Guasch Torrens, Antoni Pladevall Arumí, Lluïsa Llop Fernández, Paul Preston, Meritxell Ferrer Farreras, Antoni Pons Tort (†), Toni Buceta, Montse Ramon, Esther Girbau Rodríguez, Toni Illa Creixell, Jaume Iglesias Mestres, Jordina Civit Torruella, Miquel Albero, Joan Scarponetti Rius, Lluc Salellas Vilar, Lorena Jiménez Molina, Albert Sabaté Rull, Xavi Pérez Fornés, Gerard Bellmunt Quintana y Pablo Sánchez León, como editor de Postmetropolis.

Igualmente, mi agradecimiento para los siguientes centros educativos e instituciones que, a nivel universitario, han hecho posible y han acogido mis charlas sobre el tema: Institució de les Lletres Catalanes, Institut Ramon Llull, Universitat Autònoma de Barcelona (UAB), Universidad de Baltimore, George Town (Washington), Hood College (Frederick), Columbia University (New York), Stanford University (San Francisco), Cal State University de Long Beach (Los Ángeles) y el Casal Català de Los Ángeles.

Además, quiero remarcar la colaboración entusiasta de mi buen amigo y responsable del Arxiu Històric Municipal de Capellades Toni Miquel Oliva (†), que me ayudó decisivamente en la consulta de documentos hasta el día antes de su inesperada muerte. Y también la de los editores Francesc Gil-Lluch, compañero en la Universidad de Barcelona a quien reencontré después de treinta años, y Octavi Gil Pujol, por la entrega absoluta y la profesionalidad demostradas desde el primer momento para las dos ediciones del libro en catalán. Y también quiero agradecer muy especialmente la colaboración entusiasta de Silvia Navarro Pablo y de Lorena Jiménez Molina en la revisión de la traducción al castellano de la presente edición.

Por último, unos agradecimientos que siempre se suponen pero que en contadas ocasiones se muestran. Quiero agradecer la infinita paciencia y el amor incondicional de mi pareja Magda Bartrolí Ulldemolins y de nuestros hijos, Bernat e Itzel. Por los continuos ánimos, por suportar con estoicismo el proceso que ha requerido esta obra y, a pesar de todo ello, por continuar estando aquí, con una sonrisa en sus rostros, antes y sobre todo después de añadir este punto final.

BIBLIOGRAFÍA

Aloy, Joaquim, "Enric Bosch Tomàs. La mort injusta d'un manresà de 18 anys a les acaballes de la Guerra". A www.memoria.cat

Barallat, Mercè, *La repressió a la postGuerra Civil a Lleida (1938-1945)*, Barcelona, Publicacions de l'Abadia de Montserrat, 1991.

Bartrolí, Marta y Surroca, Isidre, *Un temps, un poble, un home. Pere Bosch, rector de la Pobla de Claramunt*, La Pobla de Claramunt, Ajuntament de La Pobla de Claramunt, 1996.

Bastida, Anna; Sierra, Carme y Tribo, Gemma, *Guerra Civil a Catalunya. Veus dels sense nom*, Vic, Eumo, 2007.

Bellmunt, Gerard, *El pas del padrí per la guerra civil espanyola*, Lleida, Book Print, 2020.

Busquets i Molas, Esteve, *Història de Capellades*, Capellades: Ajuntament de Capellades, 1972.

Calders, Pere, *Unitats de xoc. Documents de guerra*, Barcelona, Forja, 1938.

—"Pàgines de l'exili. Prats de Molló", *Revista dels Catalans d'Amèrica* 2 (novembre 1939).

Closa i Salinas, Francesc, "La instrucció militar republicana durant la Guerra Civil espanyola (1937-1939): El cas català". *Ebre 38. Revista Internacional de la Guerra Civil (1936-1939)* 3 (2008), pp. 119-138.

Clusellas, Enric, *Ninots i llibres*, Barcelona, Barcino, 2015.

Comas, Montserrat, *Biblioteques en temps de guerra*, Calafell, Llibres de Matrícula, 2008.

Cònsul, Arnau y Termes, Josep, *La Guerra Civil a Catalunya (1936-1939)*, Barcelona, Pòrtic, 2008.

Creus, Jordi, *Dones contra Franco*, Badalona, Ara, 2007.

Dalmau i Ribalta, Antoni, *La Guerra Civil i el primer franquisme a l'Anoia. Els protagonistes*, La Pobla de Claramunt, Ajuntament de La Pobla de Claramunt, 2014.

Díaz Esculies, Daniel, *Entre filferrades. Un aspecte de l'emigració republicana dels Països Catalans (1939-1945)*, Barcelona, Magrana, 1992.

Dueñas Iturbe, Oriol, *La gran destrucció. Els danys de guerra i la reconstrucció de Catalunya després de la Guerra Civil (1937-1957)*, Barcelona,

Departament d'Història Contemporània de la Universitat de Barcelona, 2013. A http://hdl.handle.net/10803/117599

ENGEL, Carlos, *Historia de las brigadas mixtas del Ejército Popular de la República*, Madrid, Almena, 2005.

ERRA GIL, Martí y ERRA GALLACH, Miquel, *Els camps d'aviació d'Osona durant la Guerra Civil*, Calldetenes, Club Excursionista Calldetenes, 2007.

ESPINÓS FELIPE, Joaquim, "Avi, et trauré d'aquí! El documentalisme de Montserrat Armengou i Ricard Belis". *Journal of Catalan Studies* 17 (2014), pp. 63-77.

ESTRADA PLANELL, Gemma, *La Guerra Civil al Bruc*, Barcelona, Publicacions de l'Abadia de Montserrat, 1995.

FERRER, Meritxell y PONS, Antoni, *Capellades desaparegut*, Barcelona: Efadós, 2023.

FORNS CANAL, Albert, *I el cel ens va caure al damunt*, Barcelona, Edicions 62, 2023.

GESALÍ, David e IÑÍGUEZ, David, *Aviació i guerra a la Garriga (1933-1946). El camp d'aviació civil, l'aeròdrom militar i el final de la guerra*, La Garriga: Ajuntament de la Garriga, 2009.

—*Catalunya any zero. Crònica visual de la desfeta*, Barcelona, Angle, 2019.

Guixà Mabras, Pere, *Nosaltres, els que vàrem perdre*, Barcelona, Marré, 2009.

—*Abans que me n'oblidi*, Barcelona, Marré, 2010.

—*Calaix de sastre*, Barcelona, Marre, 2012.

HERVÁS, Carles, *La sanitat durant la República i la Guerra Civil*, Barcelona, Universitat Pompeu Fabra, Tesis doctoral, 2005.

HOJA, Jordi Enrich, *Viure en temps de guerra (Igualada, 1936-1939)*, Igualada, Ajuntament d'Igualada, 2006.

JUNQUERA, Natalia, *Valientes. El relato de las víctimas del franquismo y de los que les sobrevivieron*, Madrid, Aguilar, 2013.

KALDERS I TÍSNER, *Dibuixos de guerra*, Barcelona, Campana, 1991.

LAFUENTE, Isaías, *Esclavos por la patria. La explotación de los presos bajo el franquismo*, Madrid, Temas de Hoy, 2003.

MANENT, Albert, *De 1936 a 1975. Estudis sobre la Guerra Civil i el franquisme*, Montserrat, Publicacions de l'Abadia de Montserrat, 1991

MARIMON, Sílvia, "Vull treure el meu avi del Valle de los Caídos", *Sàpiens* 69 (2008), pp. 10-11.

MARTÍ I BONET, Josep M, *El martiri dels temples a la diòcesi de Barcelona (1936-1939)*, Barcelona, Arxiu Diocesà de Barcelona, 2008.

MATEOS, Roger, *Caso Cipriano Martos. Vida y muerte de un militante anti-franquista*, Barcelona, Anagrama, 2018.

MIR, Conxita y Gelonch, Josep, *Duelo y memoria. Espacios para el recuerdo de las víctimas de la represión franquista en perspectiva comparada*, Lleida, Universitat de Lleida, 2013.

MIR, Conxita; GARROS, Aida, y RAMON, Gabriel, *Vestigis, memòries i símbols a les comarques de Lleida (1931-2014)*, Juneda, Fonoll, 2015.

MONTELLÀ, Assumpta, *El setè camió. El tresor perdut de la República*, Badalona, Ara Llibres, 2007.

MONFORT COLL, Aram, *Barcelona 1939. Ocupació i repressió militar. El camp de concentració d'Horta i les presons de la ciutat*. Bellaterra, Universitat Autònoma de Barcelona- Departament d'Història Moderna i Contemporània, Tesis doctoral, 2007.

MUNNÉ, Lourdes, *Els molins paperers. Origen, arquitectura, funció i evolució (Comarca de Capellades, 1700-1950)*, Barcelona, Universitat de Barcelona-Departament d'Història de l'Art. Facultat de Geografia i Història, Tesis doctoral, 2015.

OLLÉ, Jaume, *Diari d'un emboscat*, Barcelona, Publicacions de l'Abadia de Montserrat, 2016.

OLMEDA, Fernando, *El Valle de los Caídos. Una memoria de España*, Barcelona, Península, 2009.

PAMPLONA, Gerard, *El passat fosc del turó. El camp de concentració franquista del Castell de Lleida (1938-1940)*, Lleida, Pagès, 2021.

PEDRO Y PONS, Agustí, *Enfermedades por insuficiencia alimenticia observadas durante la guerra (1936-1939)*, Barcelona, Colección Española de Monografías Médicas, 1940.

PINYOL, Joan. *Aventures i pintures. Josep Costa Solé. Capellades 1913-2003*, Capellades, Ajuntament de Capellades, 2014.

— *Avi, et traure d'aquí!*, Barcelona, Saldonar, 2019 y 2021.

—*Perquè som poble. Vint-i-cinc entrevistes a persones lligades a Capellades*, Capellades, Llangardaix, 2013.

Pintó David y Valentí, Joan, *Mort a les cunetes*, Barcelona, Marré, 2020.

Preston, Paul, *Idealistes sota les bales. Històries de la guerra civil*, Barcelona, Proa, 2007.

—*L'Holocaust Espanyol. Odi i extermini durant la Guerra Civil i després*, Barcelona, Base, 2011.

Riart Arnalot, Oriol, *Érem feres. Diaris personals de combatents a la guerra civil*, Lleida, Pagès, 2023.

Revista *Sàpiens* 198. Especial "Totes les dones de la Guerra Civil" (2018), pp. 29-83.

Riba Gabarró, Josep, "Guerra i postguerra a La Pobla de Claramunt", *Miscellanea aqualatensia Igualada* 10 (2002), pp. 365-418.

Roca, Paco y Terrasa, Rodrigo, *El abismo del olvido*, Bilbao, Astiberri, 2023.

Rojo, José Andrés, *Vicente Rojo. Retrato de un general republicano*, Barcelona, Tusquets, 2006.

Rubio Ruiz, Daniel, *Alcoletge. Testimonis i vivències. La Guerra civil espanyola en un poble del front del Segre*, Lleida, Ajuntament d'Alcoletge, 2011.

Sagués, Joan, *Una ciutat en guerra: Lleida en la Guerra Civil espanyola (1936-1939)*, Barcelona, Publicacions de l'Abadia de Montserrat, 2003.

Salellas i Vilar, Lluc, *El Franquisme que no marxa*, Barcelona, Saldonar, 2018.

Solé Sabaté, Josep María, *La repressió franquista a Catalunya (1938-1953)*, Barcelona, Edicions 62, 1985.

Solé Sabaté, Josep María y Villarroya, Joan, *La repressió a la rereguarda de Catalunya (1936-1939)*, Barcelona, Publicacions de l'Abadia de Montserrat, 1989.

Solé, Queralt, *Els morts clandestins. Les fosses comunes de la Guerra Civil a Catalunya (1936-1939)*, Catarroja, Afers, 2008.

Subirats Piñana, Josep, *La repressió franquista en la postguerra. Pilatos, presó de Tarragona. 1939-1941*, Reus, Fundació Josep Recasens, 2007.

Tamames, Ramón, *La Guerra Civil española. Una reflexión moral 50 años después*, Barcelona, Planeta, 1986.

Tarrés, Pere, *El meu diari de guerra. 1938-1939*, Barcelona, Publicacions de l'Abadia de Montserrat, 2004.

Térmens i Graells, Miquel, *Revolució i guerra civil a Igualada (1936-1939)*, Barcelona, Publicacions de l'Abadia de Montserrat, 1991.

Vallès, Edmon, *Història gràfica de la Catalunya autònoma. Volum II: La guerra (del 19 de juliol de 1936 a l'11 de febrer de 1939)*, Barcelona, Edicions 62, 1978.

Vallès i Cuevas, Josep, *El Pla del Penedès. Memòria oral de la Guerra Civil (1936-1939)*, El Pla del Penedès, Institut d'Estudis Penedesencs, 2013.

Varela i Serra, Josep, *Converses a Lleida*, Lleida, Virgili i Pagès, 1988.

Vila i Clotet, Fina, *El despertar del món rural a la postguerra*, Lleida: Pagès, 2011.

Vivències. Testimonis de Neus Bartrolí, Anton Martorell, Anton Argelich, Jordi Gabarró, Ton Font i Maria Torrell, Capellades, 2009.

Zaragoza, Cristóbal, *Ejército Popular y Militares de la República, 1936-1939*, Barcelona, Planeta, 1983.

Arxivos consultados

Arxiu familiar de Laura Colom Comabella.

Arxiu Històric Municipal de Capellades.

Arxiu Comarcal de l'Anoia (acan).

Arxiu Municipal de Lleida.

Arxiu Municipal Administratiu de l'Ajuntament de Barcelona.

crai Biblioteca del Pavelló de la República

Arxiu Històric de Lleida.

Arxiu del Govern Civil de Lleida.

Paeria de Lleida. Arxiu dels llibres del registre del cementiri.

Registre Civil de Lleida.

Registre Civil de l'Ajuntament de Capellades.